【新版】

四季の刺身料理

―季節のおいしさをつくる調理技術―

大田 忠道 著

「刺身の料理をもっとおいしく、もっと楽しく味わうために」

刺身の料理は見て味わって

私は時間があると食材を求めていろいろな地方を訪れるようにしています。豊富な食材が全国に流通しているとはいえ、土地ごとの食材や料理には初めて目にするものもあり、地元の人でなくては味わえない美味に触れることが多々あります。刺身の料理も同様で、地方を訪ねて魅力的な味を発見することが多くあります。今では有名になりましたが北海道では鮭幻(ケイジ)というサケや、仙台ではフカ(サメ)の心臓の料理など、一般には流通しないものがほとんどです。昔は、土地ごとに刺身にももっと個性があったと思いますが、そうした懐かしみを覚える魚料理、とくに小魚の料理が減ってきているように思います。

また、同じ種類の魚でも獲れるところによって味が変わったり、食べ方が変わったりもします。アナゴは生で食べないところも多いようですが、明石のアナゴは冷水で洗えば、生でも食べることができます。高知特産のドロメも、高知沖のものは味がいいのですが、瀬戸内産となると、脂がのりすぎてしまうようです。ですから刺身の料理では、魚をみてから、仕立て方を考えることも大切です。カニやエビ、イカなど、今では世界中から色んな種類が入ってきていますから、とにかく自分で食べてみて、味を知ることです。とくにプロの調理人の場合、一日たつとどのくらい味が変わるのか、どのくらい脂が浮くのかなど、自分の舌で確かめることが必要です。

つけ醤油や添えものも楽しく

この本を作るにあたって「味な出会い」という言葉が浮かびましたが、刺身でいえばつけ醤油やつまも大切な味の出会いです。とくにつけ醤油は、もっと自由な発想で楽しんでもいいと思います。例えば、刺身にマヨネーズと醤油の組み合わせなんかよく合いますし、若い人に喜ばれます。つけ醤油のヒントとしては、和の食材だけでなく、ハーブやヨーグルト、オリーブ油など洋風なもの、XO醬や豆板醤といった中国の調味料など、いろいろと試してみることです。つけ醤油ではありませんが、ヒラメの薄造りにフォアグラとキャビアを添えると、コ

クと旨味が加わって、おつな味に仕上がります。淡白なヒラメをフォアグラの甘みのある脂が引き立てるわけですが、おいしく作るには、基本の知識プラス、柔軟な発想も大事にしてはしいと思います。

刺身のつまも限定せずにいろんなものを添えてください。隼人瓜やスイカの皮なんかもしゃきしゃきとした歯応えで、珍しいせいかとくに女性客に好評です。ビーフンや夏には素麺なんかも合うと思いますし、刺身にしゃり（すし飯）を添えるのも喜ばれます。大葉と一緒にくるんだりすれば、手巻きずしの感覚で楽しく味わえます。

旬のおいしい魚で刺身を

魚は、旬のもので鮮度のよいものを求めてみて下さい。ちょっと高くつくように思うかもしれませんが、きちっと、そつなく料理すると、中骨や頭はもちろん、ワタも含めて一尾をおいしく味わえますから、結局は安くつくことになります。安くても、鮮度に難があるものは、刺身にして味が劣るだけでなく、あらや中骨なども臭みが出て、無駄が多くなります。

刺身というと、道具がないから無理と思う方も多いようですが、家庭では使い慣れた洋包丁で充分です。和包丁は片刃ですから、慣れない人が急に使っても刃を入れる角度がつかみにくいのです。洋包丁なら、薄いので中骨にあたってもすぐわかるし、おろしやすいと思います。貝をむく道具も、小さいナイフやヘラを使えばいいし、カツオのたたきもフライパンでおいしく作れます。

刺身が余ったら、づけや昆布〆、酢〆にしたりすると、上手に保存して、無駄なく、召し上がる工夫も大切です。

旬のおいしい材料、出盛りで安価な材料を上手に調理することを大切にしてください。とても基本的なことですが、刺身を含めて、料理を作る上でまず大切にしてほしい事柄だと思います。

大田　忠道

〈著者略歴〉

大田　忠道

1945年兵庫県生まれ。「百万一心味天地の会」会長。兵庫県日本調理技能士会会長、神戸マイスター、2004年春「黄綬褒章」受賞、2012年春「瑞宝単光章」受賞。中の坊瑞苑料理長を経て独立。現在、兵庫県有馬温泉で「奥の細道」「旅篭」「関所」を開設。全国の旅館、ホテル、割烹等に多くの調理長を輩出。テレビ、雑誌でも活躍する一方、自治体やホテル・旅館のメニュー開発、企画立案、プロデュースを行なう。著書に「小鉢の料理大全」「人気の弁当料理大全」「人気の前菜・先付け大全」「和食の人気揚げ物料理」「進化する刺身料理」「日本料理を展開する」（以上、旭屋出版刊）など多数。

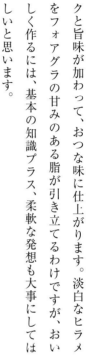

【新版】

四季の刺身料理

―季節のおいしさをつくる調理技術―

目次

本書をお読みになる前に

■「刺身料理」に関する基本的な用語について

◎上身（うわみ）・下身（したみ）／魚の頭を左、腹を手前においた場合、中骨より上をうわみ、下の部分をしたみといいます。
◎おろし身／魚を下した後、腹骨や小骨を除いたもの。
◎上身（じょうみ）／おろし身の皮を引いたものをじょうみとしました。
◎節取り（筋取り）・柵取り／おろした身は刺身を引くのに向くよう大きさ、形を整えますが、マグロ、イカは柵取りし、タイ、カツオなど大型の魚は片身を背身と腹身の2節（2筋）に節取り（筋取り）します。

■本書で使っている料理用語について

◎だし／昆布20gと煮干し10gを水1リットルにつけて一晩おき、漉してから、昆布のみ入れて中火にかけます。煮立つ寸前に昆布を取り出し、沸騰したら火を止め、カツオ節30gを加え、アクを除き、カツオ節が沈んだら漉します。
◎玉酒／水に一割ほどの酒を加えたもの。洗いなども玉酒を使うと殺菌の効果もあります。
◎立て塩／海水程度の塩水。魚介類の下洗い、下味付けなどに使われます。
◎八方だし／野菜などに下味をつけるつけ汁の場合、だし4カップを、塩小さじ4/5、酒小さじ1、淡口醤油小さじ1/2で調味したものを使っています。

■魚介類の表記について

魚介類は地方名がとても多く、同じ魚介でもまったく違う呼び名であったり、逆に呼び名が同じでも種類が異なる場合などもあります。本書ではできる限り、標準名で紹介するようにしました。

■材料の計量単位について

1カップは200㎖、大さじ1は15㎖、小さじ1は5㎖です。

刺身の基本の切りつけとおいしくする技術

刺身は、魚介の持ち味を活かすことが大切で、
そのために切りつけや仕立て方の技術が必要とされます。
つま類などのあしらいやつけ醤油も
刺身の料理に欠かせない大切なものですから、
いろいろと工夫してより豊かな味わいに仕上げます。

おいしさを引き出す
刺身の切りつけ・飾り切り 細工造りのいろいろ

**刺身の切りつけは魚種ごとの持ち味を引き出すことが第一です。
飾り包丁もおいしさを増すためのものですから、必要以上に包丁を入れません。**

引き造り

基本的な切りつけ方のひとつで、おろした身に対して垂直に包丁を入れて、右に送っていきます。マグロやブリ、タイなどの比較的大きめの魚が当てられますが、あまり身のかたいものには向きません。

❶タイのおろし身は、写真のようにまな板から少し離れたところに、身の厚い方を向こうにおく。包丁をまな板のへりに当てて角度をつけ、身に垂直に切り込む。

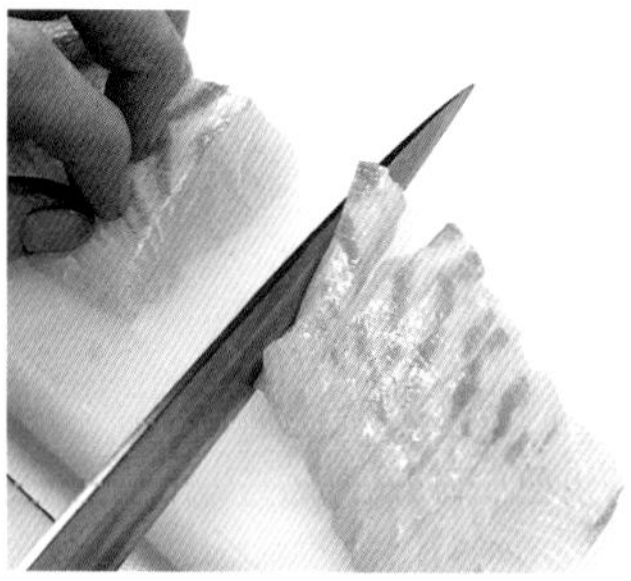

❷包丁の刃先を下げながら手前に引き、刃先まで引き切ったら、包丁ごと右に送る。かたいもの、脂の多いものはやや薄めにする。

そぎ造り

タイやヒラメなどの身肉の締まった白身魚を筆頭に幅広い魚種に合う基本的な切りつけで、へぎ造りともいいます。おろし身の左側から切りつけますが、包丁を寝かせ気味にして入れ、手前に引きます。

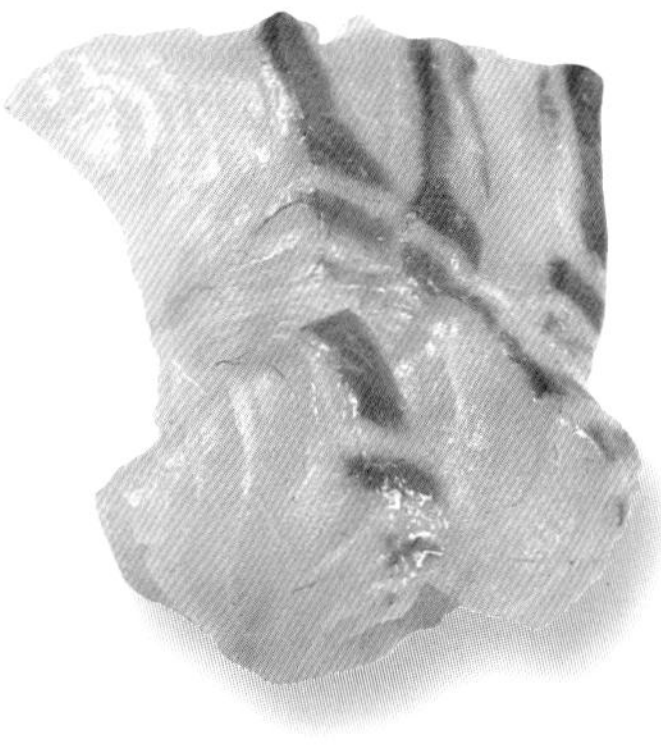

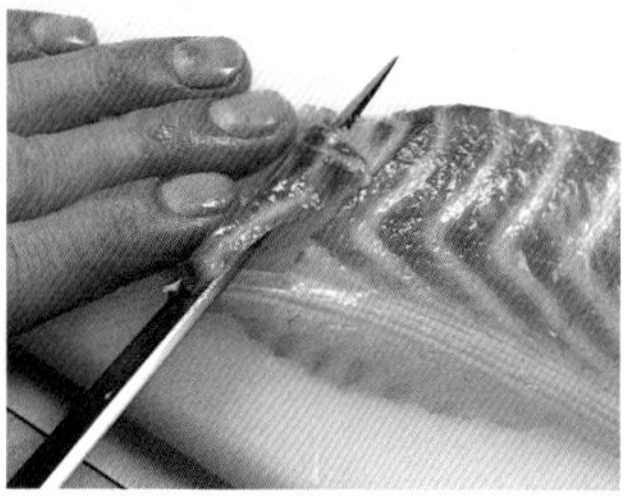

❶おろし身の左端に左手を軽く添え、包丁をやや右に寝かせ気味にして、斜めに入れて、切っ先まで手前に引き切る。

❷引き切ったら、左手の親指と人指し指で、切りつけた身をつまんで左の方に重ねる。身割れしやすい魚の場合、できるだけ滑らかに包丁を入れる。

細造り・糸造り

キスやサヨリなど細長い魚や、イカなど繊維を断ち切りたい場合に。端身などを活用するのにも適します。懐石の向付けでも多用されます。

◆イカの細造り

◆キスの細造り

•イカの細造り。スルメイカなど身の薄いものは、そのまま繊維と垂直に切る。モンゴウイカなど身の厚いものは、へいでから細造りに。いずれも包丁の切っ先で手前に引き切る。

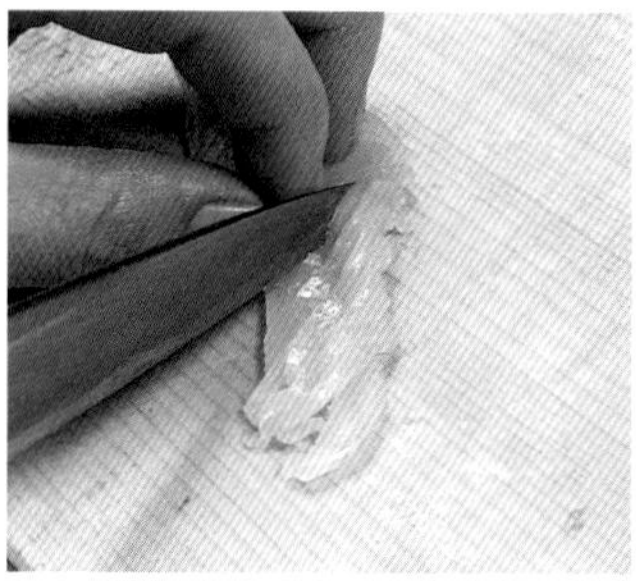

•キスの細造り。身に斜めに包丁を入れて細く造る。サヨリやハゼ、イワシなどのほか、例えばタイなどの端身が細長く残っている場合にも向く。

薄造り

フグに代表されるのでフグ造りとも。そぎ造りの一種ですが、薄く切りつけるためより包丁を寝かせます。身のかたい白身だけでなく、脂気が多く、身割れしにくい魚にも合います。

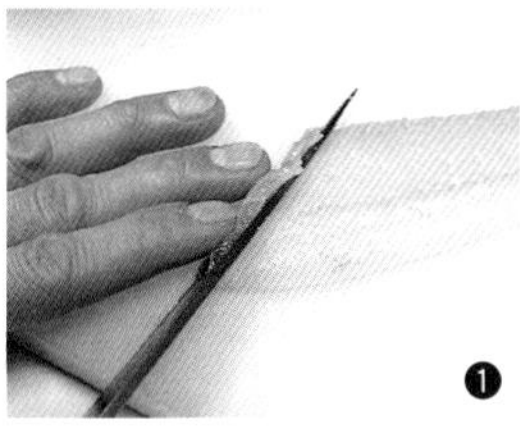

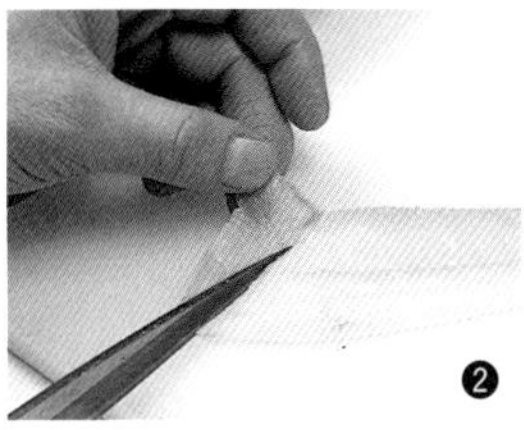

おろし身に左手を軽く添え、包丁を右に寝かせて入れ、刃先をおろしながら手前に引く。1枚そぐごとに器にもっていく。盛り方は放射盛りが代表的。切りつける厚さは魚の旨みや歯応えに応じて変える。

角造り

カツオやマグロなど大型で身の柔らかい魚に合う切りつけです。棒状に冊取りしてから、角状に切ります。湯引きにしたり、海苔で巻いて磯辺造りにしたりと変化がつけられます。

マグロの角造り。棒状に冊取りしたマグロを、引き造りの要領で角状に切り分ける。形を活かして積み重ねて盛ることが多い。

短冊造り・色紙造り

主にサヨリ、キスなど細長い魚が当てられます。短冊造りは長方形に、色紙造りは正方形に引き切りします。肉厚のイカや冊にとったマグロなども薄目の引き造りで短冊にされます。

◆短冊造り

◆色紙造り

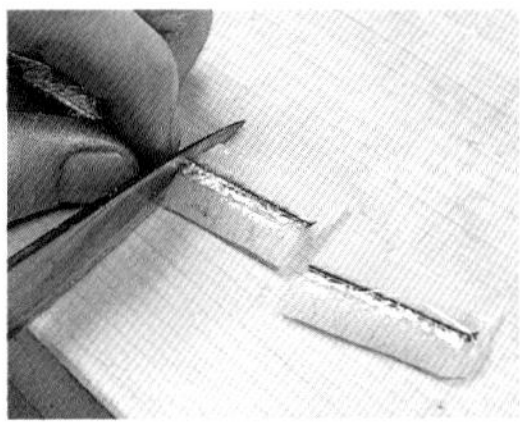

サヨリの片身を短冊状に切る。マグロやイカは引き造りに。

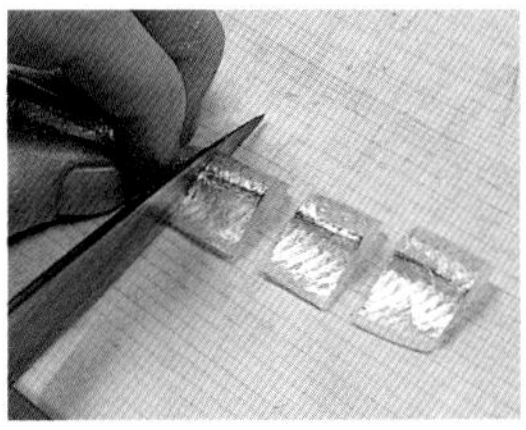

サヨリの片身を正方形に切りつけて色紙造りに。

鹿の子造り

等間隔で斜め格子状に切り目を入れる飾り包丁の一種ですが、かたい魚を噛みきりやすく、また、醤油づきをよくする目的もあります。脂気の強いアジ科の大型魚や赤貝やアワビなどの貝類、イカなどに。

◆シマアジの鹿の子造り

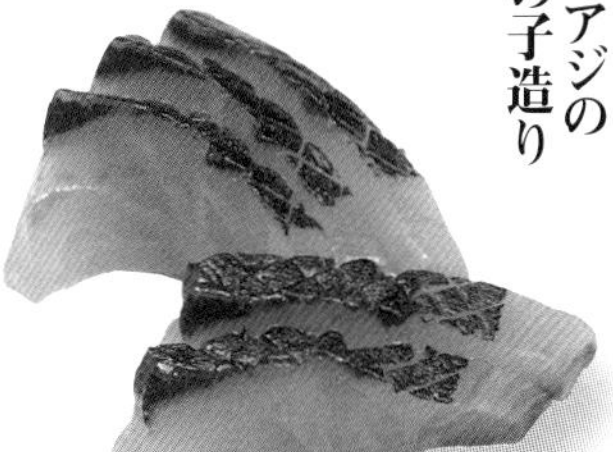

◆赤貝の鹿の子造り

シマアジの皮目に斜め格子状の切り目を均等に入れる。

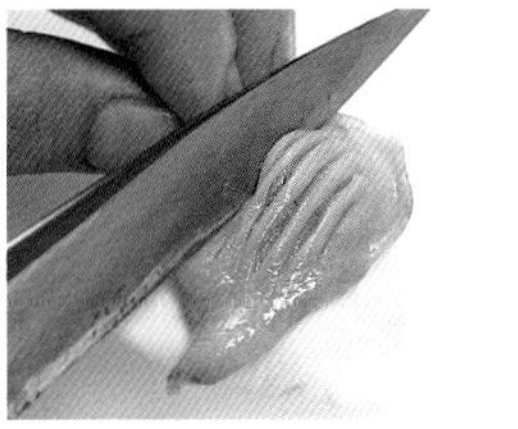

赤貝は布巾にのせると、身がふくらむので、切り目を入れやすい。

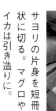

筋目造り

縦に等間隔の切り目を入れることで、食べやすく、醤油づきをよくします。サヨリ、アジ、イワシなど水分の多い魚に多用されます。タイやスズキの皮霜造りでも筋目を入れると見栄えよく、食べやすくなります。

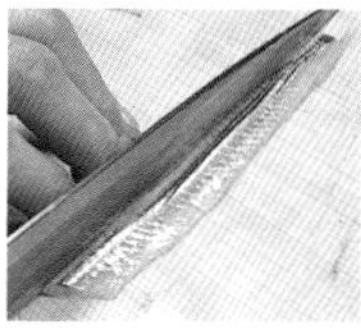

サヨリのおろし身に等間隔で筋目を入れて、食べよい大きさに切り分ける。

八重造り

カツオのたたきや銀皮造り、〆サバ、ブリトロの造りなど、身を厚めに切りつける場合に用いることが多く、皮目の美しさが引き立つ。切りつける厚みの中央にいったん切り目を入れて、その後、引き切りします。

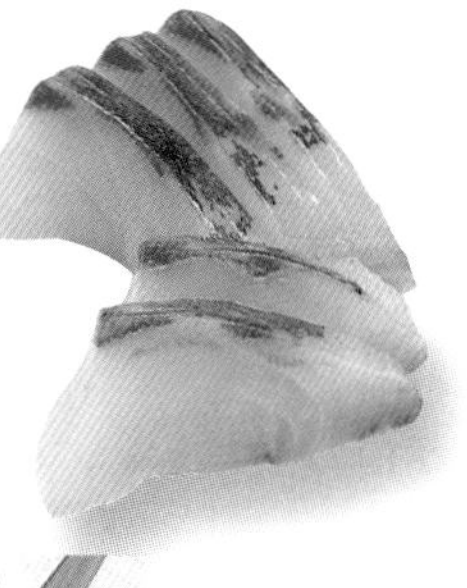

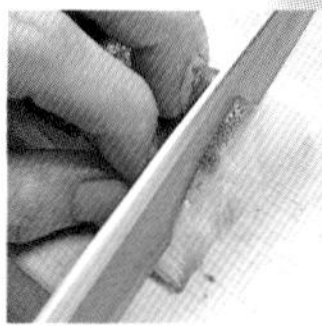

シマアジの八重造り。切りつける厚みの半分に切り目を入れてから引き切る。

射込み造り

刺身の場合、身の厚いイカに室きゅうりを射込むことがほとんど。さっぱりしたきゅうりとイカが好相性で、多種盛りなどでは形のアクセントとなります。イカは食べやすく切り目を入れるようにします。

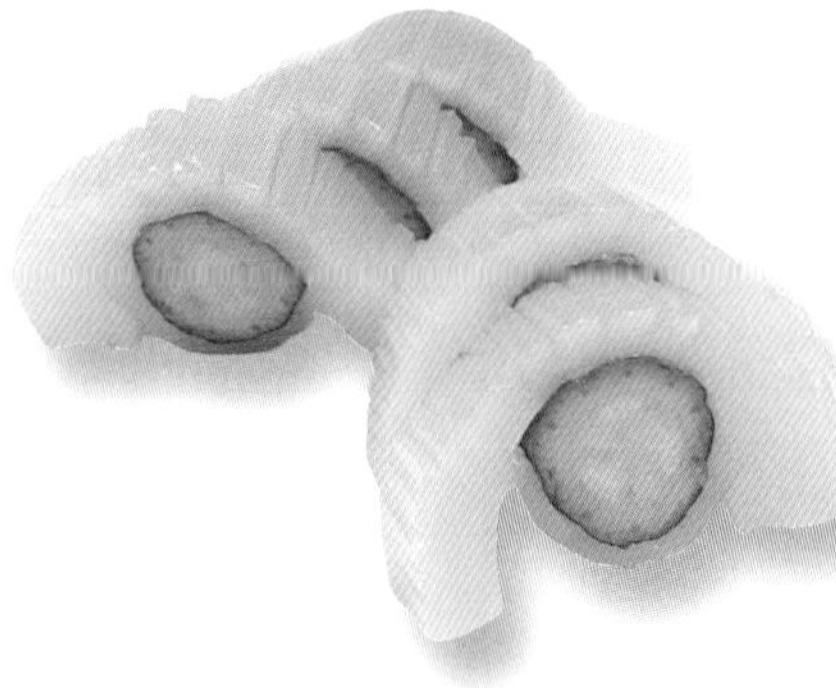

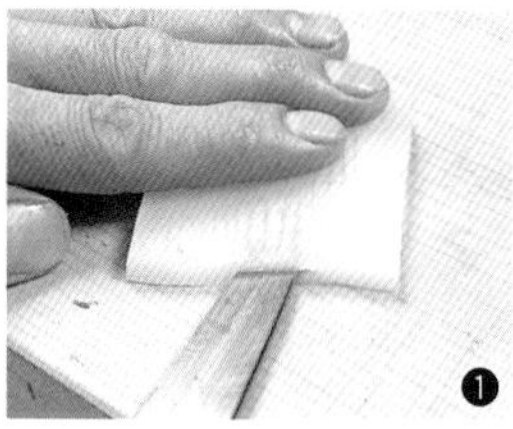

❶

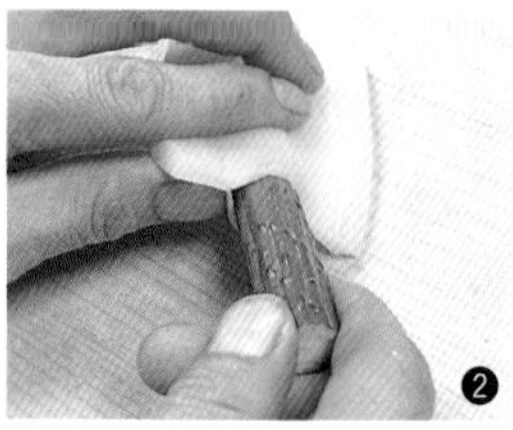

❷

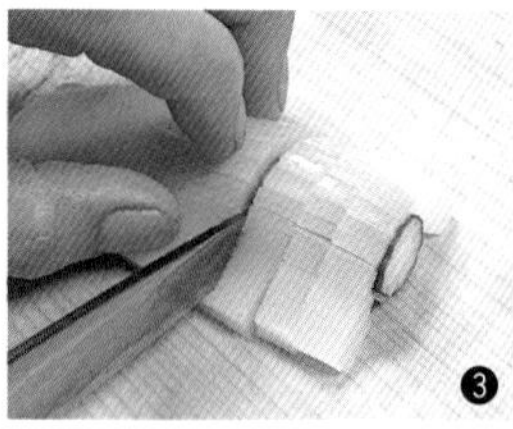

❸

イカは冊取りしたものを用意し、まず、身の表面に浅い鹿の子包丁を入れる。身の厚みの半分のところに包丁を差し入れて袋状にし、室きゅうりを射込んで、適当な厚みに切り分ける。

博多造り

博多帯のように2色以上を重ねたものをいいます。イカと海苔、ホタテとレモンなどがポピュラーです。

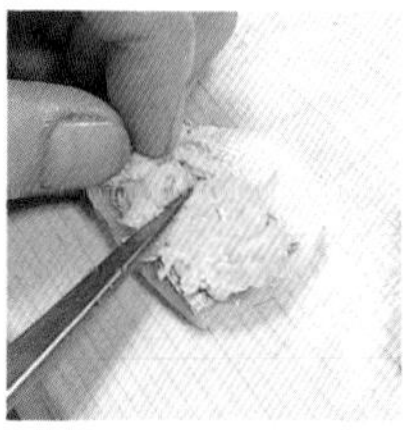

❶ホタテの貝柱に茹でた黄菊をのせる。

❷貝柱、茹でた紫菊、貝柱を重ねる。

鳴門造り

サヨリやイカで造ることが多く、渦巻き状に仕上げます。サヨリの片身をくるくる巻いて厚みの半分に切ります。

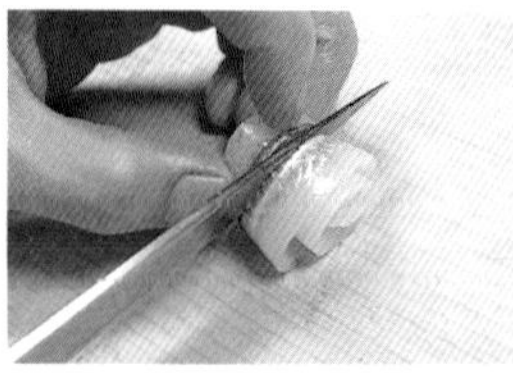

サヨリを巻いて鳴門造りに。

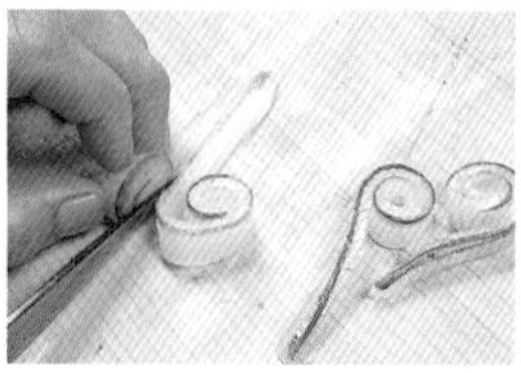

蕨手も同様にして作る。

木の葉造り

意外と簡単で、見栄えのする細工造りで、サヨリやイカを当てることが多く、サヨリの場合、短冊に切った身を写真のイカと同じように重ねていき、中央を切ります。

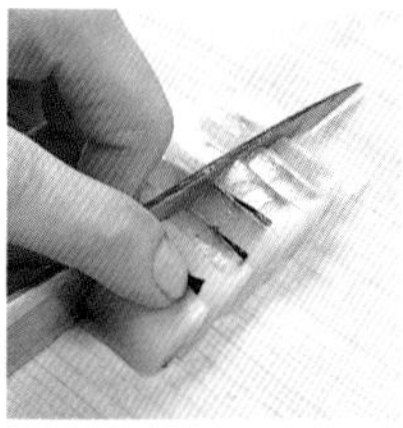

❶イカと海苔を交互に重ねていく。

❷中央で2つに切り、切り口を立てて盛る。

花仕立て

椿や菊の花に見立てた造りは、宴席の盛り込みなどに華やかさを添えます。ここでは椿仕立てを紹介します。

❶そぎ造りの身を縦に重ね、端から巻く。

❷巻き終えたら、花びらの形を整える。

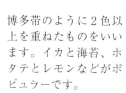

刺身の仕立て方のいろいろ

刺身をよりおいしく、食べやすく、また味わいに変化をつける上でいろいろな工夫があります。ここでは基本的な仕立て方を紹介します。

皮霜造り

タイやスズキ、カツオの腹身など皮がおいしく、皮目が美しい魚種にむく手法。タイやスズキは皮目に切り目を入れるときれいに仕上がり、食べやすくなります。

タイの皮霜造りを例に。タイの皮目を上にして抜き板にのせ、布巾をかけて熱湯をまわしかける。皮が反ったら、すぐに氷水に取り、冷めたら水気を丁寧に拭き取る。皮目に切り目を入れておくと、見た目よく仕上がる。

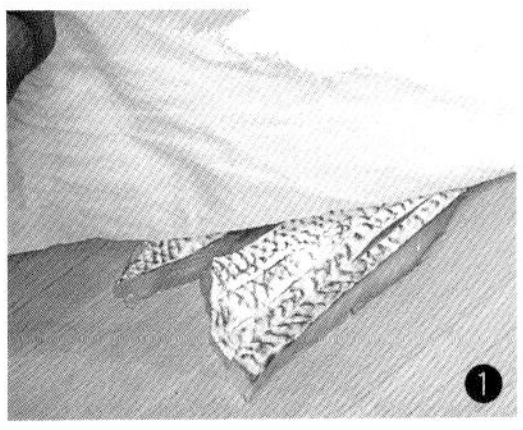

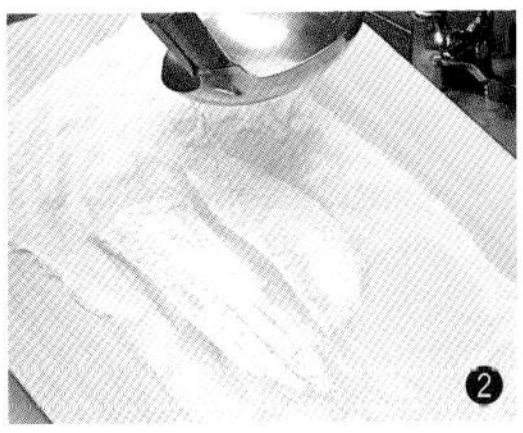

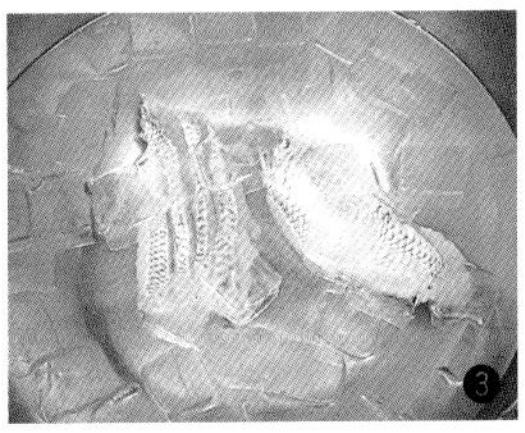

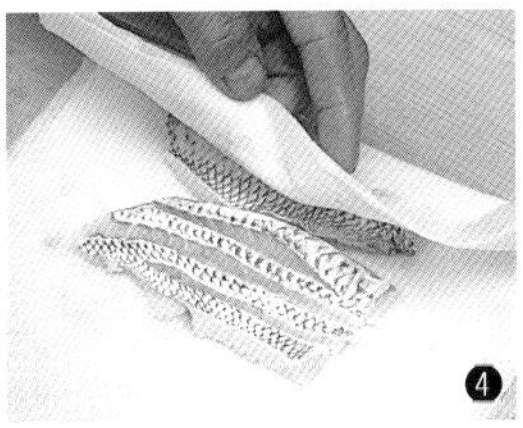

湯引き

マグロやカツオ、伊勢エビなどは色味が冴え、身がしゃきっとします。活けのタコや吸盤もさっと湯引くと同様の効果があります。ハモやアイナメは、切り目を開かせて身をふんわり、皮を柔らかく仕上げることができます。熱湯には玉酒を加えます。

マグロなど冊で湯引く場合も、切りつけたものを使う場合も必要以上に熱を通さないように注意。ハモやタコなど切りつけてからさっと湯引く場合、ザルなどに入れるとすぐに引き上げることができる。ハモは皮目を下に湯引くとよい。

●マダコ

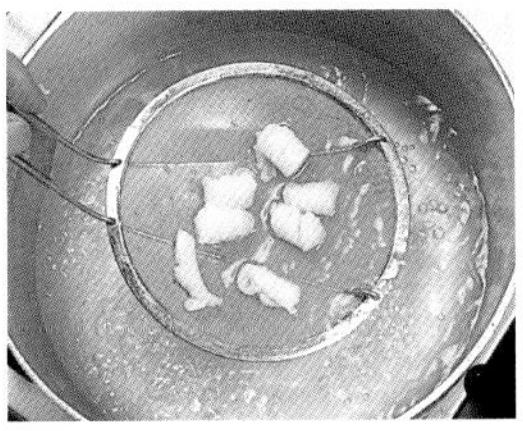

●ハモ

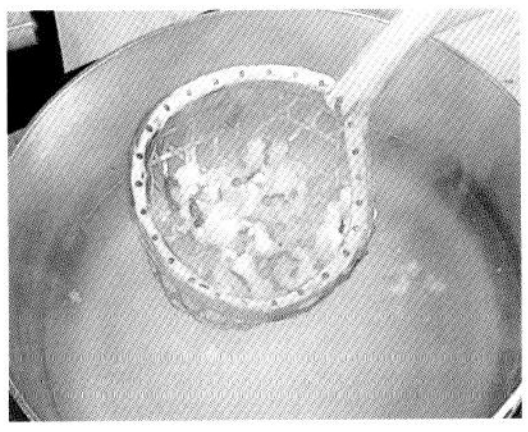

焼き霜造り

皮目を焼くことで、芳ばしく仕上がり、余分な臭みも消えます。カツオやアイナメ、スズキ、アジ、サワラ、ホタテ、イカなど幅広い魚介に合います。家庭では焼き網やフライパンを上手に活用して下さい。

タチウオを例に。皮と身の間に金串を打ち、バーナーで焼き目をつける。串を打たないで焼くと皮が縮んで見栄えが悪くなるので注意。家庭では焼き網でさっと焼くとよい。氷水にとって冷まし、水気を丁寧に拭いて切りつける。

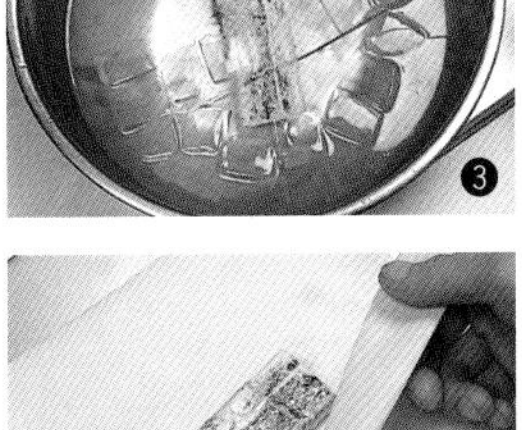

洗い

タイやスズキ、カレイ、コチなどの白身魚やコイを薄めに切りつけて、玉酒を加えた氷水で洗います。余分な脂が落ちてさっぱりし、コリコリした歯触りに仕上がります。流水を強くあて、洗うこともあります。

タイの洗いを例に。たっぷりめの氷水を用意する。タイはやや薄目のそぎ切りにし、氷水に一枚ずつ入れて、身の端がちりちりとするまで洗う。布巾やクッキングペーパーなどの上に身を一枚ずつおき、水気を丁寧に拭いてから盛る。

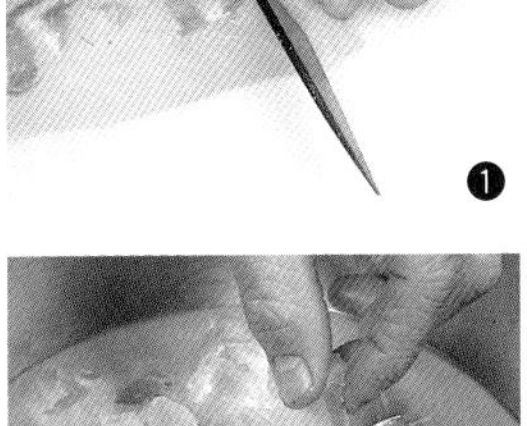

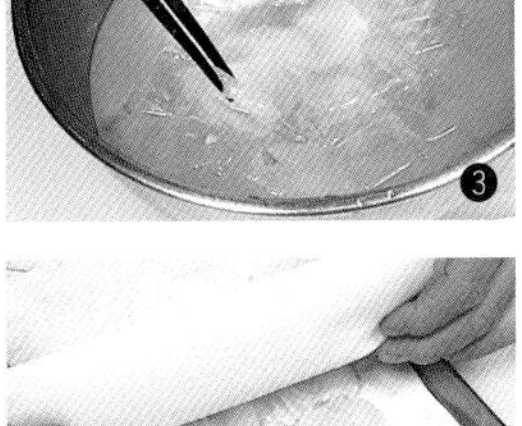

刺身の味わいを豊かにする

つけ醤油のいろいろ

**つけ醤油にこだわると刺身の料理は味わいが豊かになり楽しくなります。
魚介は種類だけでなく、時季や産地などでも味が異なりますから、
持ち味をより引き立てたり、食べ味に変化をつける
つけ醤油やドレッシングを用意してはいかがでしょうか。**

つけ醤油のいろいろ

◆梅肉醤油

造り醤油に梅肉を混ぜたもの。好みでだしや煮きり酒、煮きりみりんを少し加えてもよい。

◆納豆醤油

納豆を細かくたたいて造り醤油に混ぜる。わさびや小口切りのねぎを好みで加えてもよい。

◆挽き茶醤油

抹茶を湯で溶いて冷ましたものを造り醤油に加える。

◆XO醤醤油

造り醤油に好みの量のXO醤を加える。これを酢と油でのばすとドレッシングになる。

◆豆板醤醤油

造り醤油に少量の豆板醤を混ぜて、ピリ辛さとコクを足す。豆板醤は製品ごとに塩味が違うので使う前に味見を。

◆ごま醤油（粒ごま入り）

煎りごま大さじ1をすり、造り醤油½カップ、だし大さじ3、ごま油大さじ1、おろしわさび少々を混ぜる。

ドレッシングのいろいろ

◆土佐酢マヨネーズ

土佐酢にマヨネーズを混ぜたもの。

◆梅ヨーグルトドレッシング

プレーンヨーグルトに梅肉を混ぜ、酢、砂糖、塩で味を調える。

◆ごまドレッシング

サラダ油1カップ、酢½カップ、ごま油大さじ2、濃口醤油¼カップ、砂糖大さじ1、切りごま大さじ1を混ぜる。

◆キミネーズ

土佐酢と卵黄を混ぜたところに、サラダ油を少量ずつ加えながらよく攪拌する。

◆XO醤入りドレッシング

油2カップ、りんご酢1カップ、濃口醤油¼カップ、砂糖大さじ2、XO醤大さじ3、塩、胡椒を混ぜる。

◆ピクルス入りマヨネーズ

きゅうりのピクルスのみじん切りをマヨネーズに混ぜたもの。茹で卵を加えてタルタルソース風にしても。

ベースのつけ醤油

◆造り醤油(土佐醤油)

濃口醤油2杯、煮きり酒1杯に、たまり醤油と煮きりみりん各0・1杯ずつを混ぜ、カツオ節と爪昆布を入れて1週間ほどおき漉します。爪昆布はとろみが出やすいので、3日位で取り出しても結構です。

◆ポン酢醤油

薄造りに欠かせません。濃口醤油5カップ、柑橘の絞り汁5カップ、米酢1カップ、煮きりみりん2カップ、煮きり酒1カップに、だし昆布30gとカツオ節40gを加え1週間ねかせ、漉してから使います。

◆煎り酒

梅干しの風味を活かした上品な味わいで、タイやヒラメなど、淡白な白身魚の旨味を引き立てます。梅干し1個に対し、煮きり酒と煮きりみりんを合わせて1カップ用意し、火にかけ、半量くらいまで煮詰めます。

◆土佐酢

だし(または水)3杯、酢3杯、みりん1杯、淡口醤油1杯の割合で三杯酢を作り、火にかけて沸かし、追いガツオをして漉してから使います。冷蔵庫で保存すると日持ちしますから多めに作りおくと重宝します。

つけ醤油の応用のいろいろ

◆造り醤油にプラスして

造り醤油にわさびや生姜を加えるだけでも美味ですが、魚の肝を混ぜたりするとコクがプラスされますし、豆板醤やごま油を加えると中華風にと、多彩な食べ味が楽しめます。

写真左上から右に、もろみ、ウマヅラハギの肝、タラの白子、黒豆納豆、納豆、豆板醤、挽き茶、卵黄、煎りごま。

◆土佐酢にプラスして

合わせるものは和風の食材に限りません。マヨネーズやオリーブ油、ハーブなどを加えて洋風のドレッシングに仕立てても、刺身に合うつけ醤油替わりになります。

玉味噌や柚子、梅肉、ごまと和風の食材のほか、マヨネーズやヨーグルト、オリーブオイル、ハーブなども合う。

◆ウニ醤油の作り方

ウニを混ぜたコクと旨味があるつけ醤油。ウニを当たり鉢で当たってなめらかにしたら、造り醤油と煮きった酒、わさびを加えて、少し粘りがあるくらいに仕上げます。肝醤油も同じようにして作ります。

❶ウニ醤油の材料。

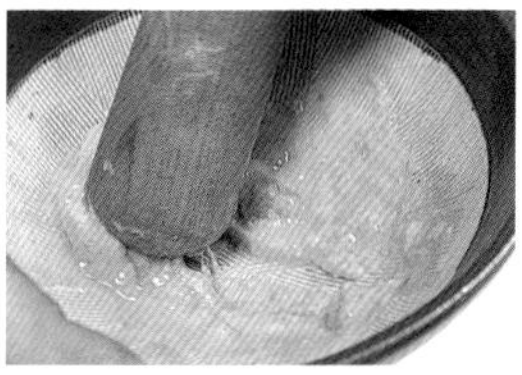

❷ウニをなめらかに当たる。

❸醤油、酒、わさびを加える。

❹少しねばが出る加減に。

◆もち子醤油

もち子(タラの白子)入りのつけ醤油。ウニ醤油と同じ作り方ですが、もち子は湯がいてから使います。柚子やすだちを絞り入れてもよく、爽やかな風味に仕上がります。

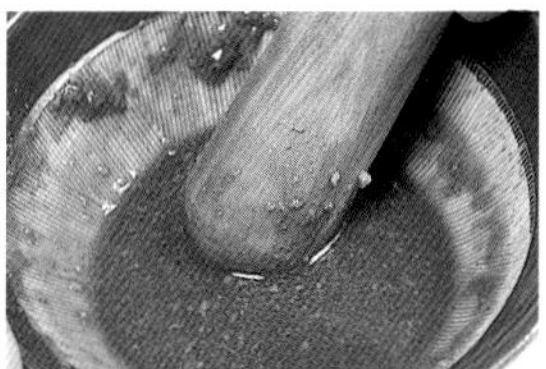

湯がいたもち子を当たり、造り醤油、煮きり酒、わさびを加える。

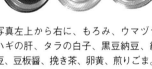

刺身を彩る

けん・つま・薬味のいろいろ

刺身に添える野菜や海藻類の総称がつま。その中でせん切りの野菜を特にけんとも呼びます。刺身の魅力をいっそう引き立てるのが、辛味も含めた添えもので、色取り、香り、味わいのほか、季節感の演出にも効果があります。

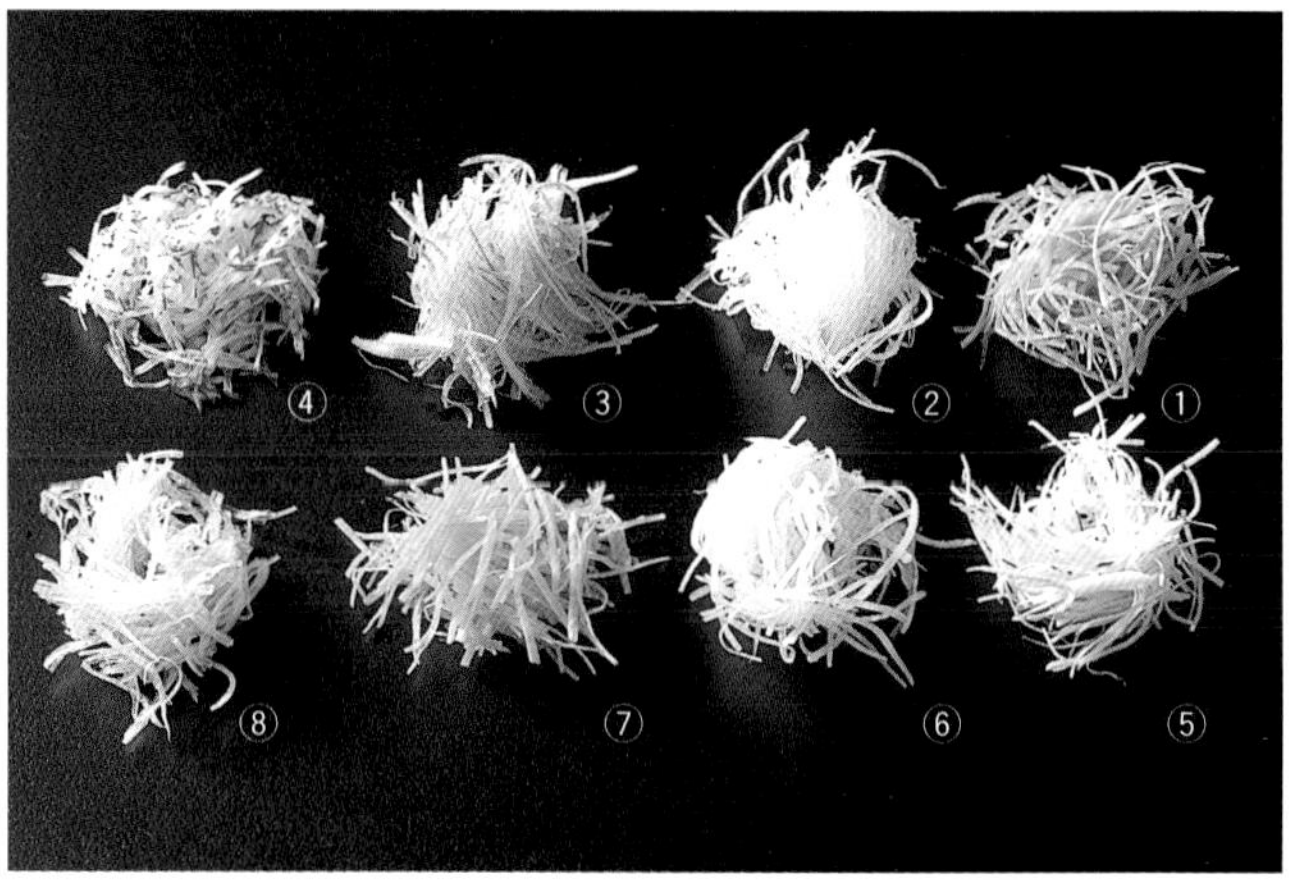

野菜のけん類のいろいろ。❶京人参 ❷大根 ❸みょうが ❹ラディッシュ ❺黒皮南瓜 ❻きゅうり ❼人参 ❽はす芋／人参、大根、きゅうりはかつらにむいてからせん切りにし、ラディッシュ、黒皮南瓜、はす芋は薄切りにしてからせん切りに。みょうがは一枚一枚はがしてから重ね、せん切りにする。いずれも水に放してしゃきっとさせてから使う。

季節感を演出する野菜の飾り切りのいろいろ。❶人参の紅葉 ❷黒皮南瓜のいちょう ❸きゅうりの松葉 ❹京人参の木の葉／紅葉 いちょう、木の葉は抜き型で抜いて薄切りにすると手軽。ほかに梅や桜の花など季節によって用意するとよい。松葉は、刺身の添えには大根、うど、水前寺海苔なども合う。

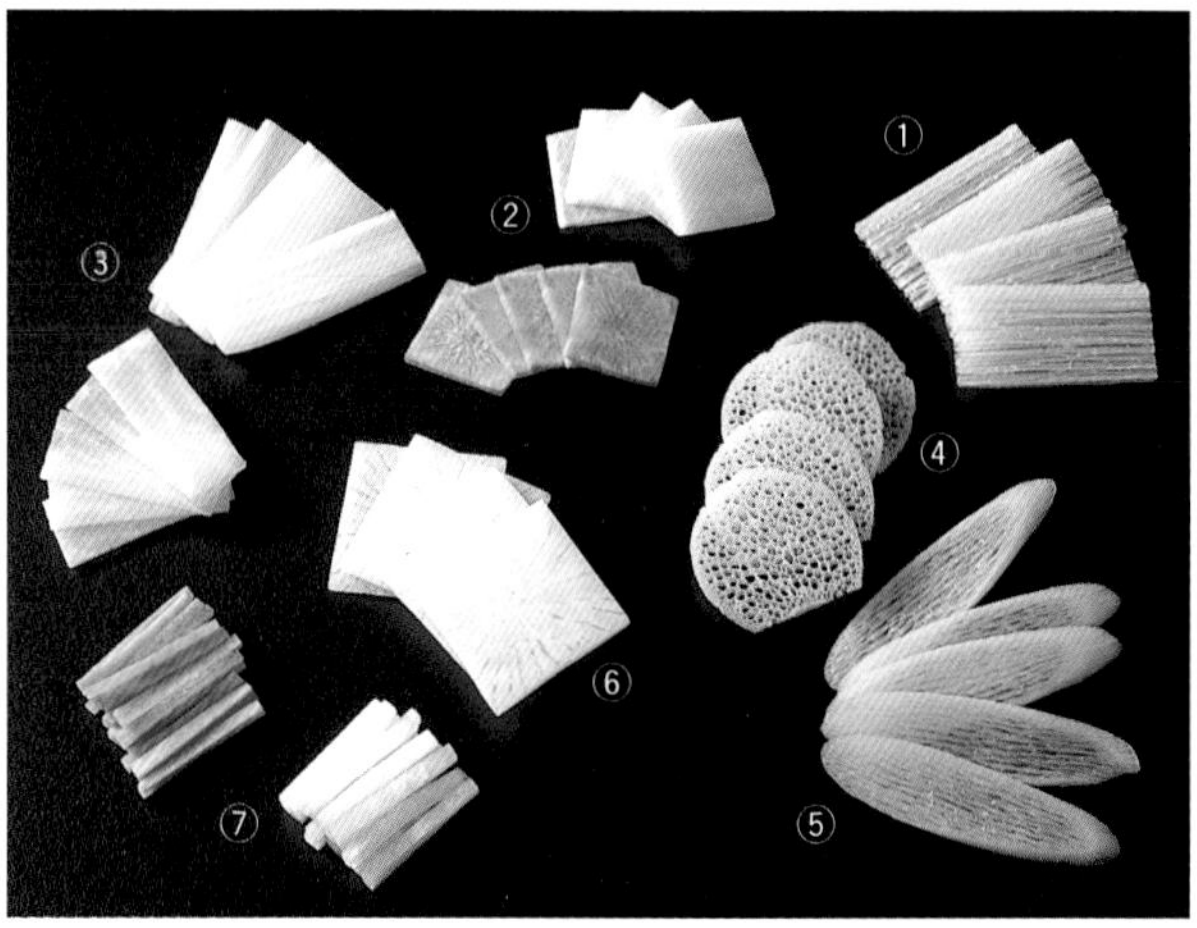

身近な野菜類も短冊切りや色紙切り、拍子木切りなどにしてけん替わりに添えると、歯応えに変化が出て喜ばれる。❶はす芋の短冊切り ❷大根と人参の色紙切り ❸セロリと大根の短冊切り ❹はす芋の輪切り ❺はす芋の斜め切り ❻大根の色紙切り ❼人参と大根の拍子木切り／うどやきゅうりなども短冊や拍子木切りにして使うとよい。

つまもののいろいろ。❶大葉／しきづまとしたり、せん切りにして合い混ぜのけんに加えたりする ❷みょうが／縦に切って立てて添えたり、けんに打つ ❸たらの芽／茹でて八方だしにつけて添えづまに ❹こごみ／アク抜きし、八方だしにつけて添えづまに ❺防風 ❻小菊／そのままや花びらを添える ❼花丸きゅうり ❽花穂じそ／花だけをあしらうことも ❾紅芽だで／芽つまにはしその芽の青芽、赤芽も多用される

大根のけん

昔からけん3寸（約9センチ）といわれ、これ位が食べるのにも盛りつけにも適当です。刃渡りの長い包丁で長いけんを打つのは遊び的な要素で、かつらむきしやすいのは刃渡りの半分位の長さです。

◉打ち方

❶大根を9㎝くらいに切り、皮を厚めにむき、かつらにむく。大根は刃渡りの半分の長さくらいまでがむきやすい。

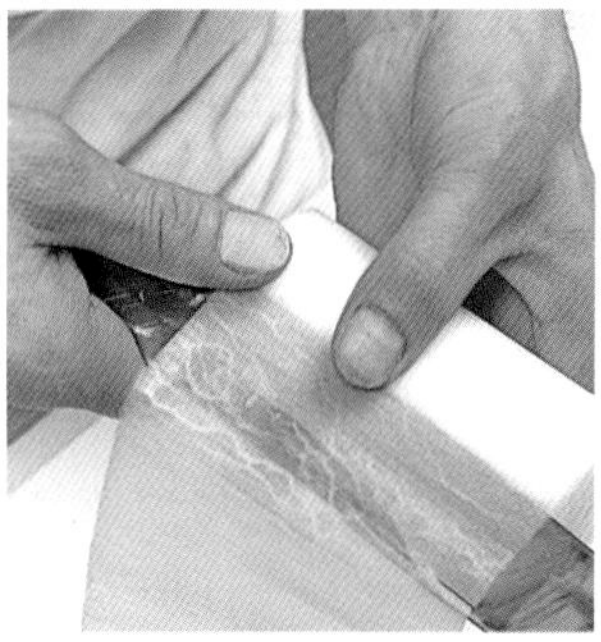

❷左手を添え、右手で送りながら、均等な厚さにむいていく。大根の上側の包丁が入っているところを見てむいていく。

❸適当な長さに切って重ねる。縦けんは繊維に沿ってせん切りにし、横けんは繊維を断ち切るように垂直に切っていく。

◉置き方

右が縦けんで、高さのある円錐形にまとめる。横けんはふんわりと丸くまとめる。

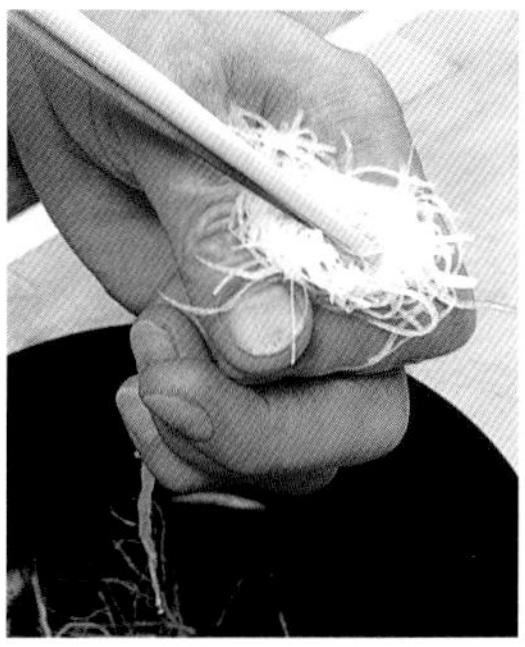

縦けんの手順❶／水によくさらしたものを箸で適量つまみ、指の腹に軽くおしつけて、水気をきる。

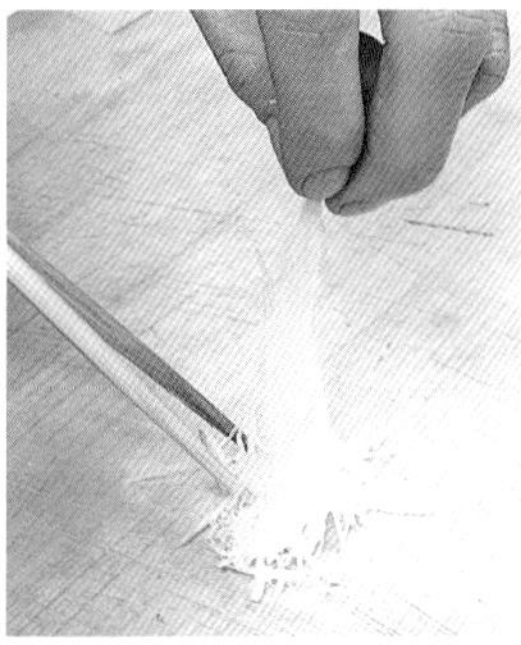

縦けんの手順❷／次いで形を整える。器に置き、高さのある山形に。

横けん／水にさらしたものを適量取り、箸を使って軽くふんわりと巻く。

飾り切りのいろいろ

◆いかり防風

防風の茎を錨に似せて作ります。茎の長さを切り揃え、まち針などで十文字に割いて水にさらすと、割いた部分がくるりと反ります。

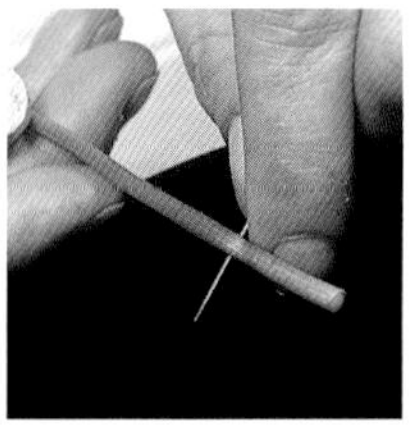

❶防風の茎の下の方を針を入れて割く。

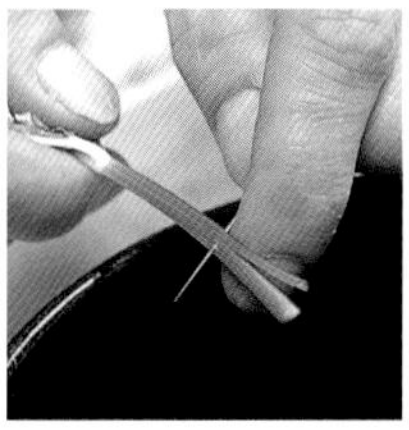

❷十文字になるよう割き、水につける。

◆唐草大根

大根の茎を唐草の模様に仕上げます。かぶの茎も利用できます。茎に斜めに深い切り込みを入れたら、縦に薄く切ります。水にさらすとくるりと曲がります。

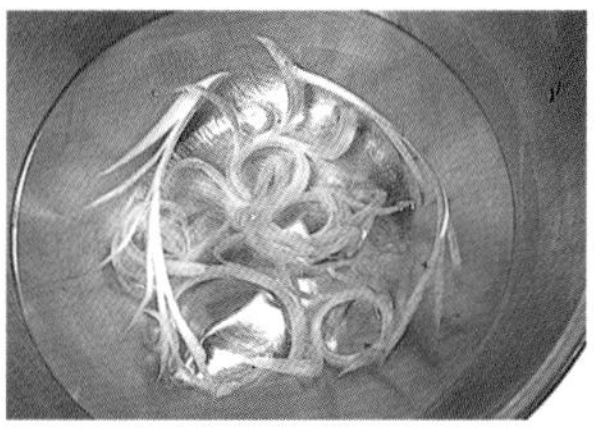

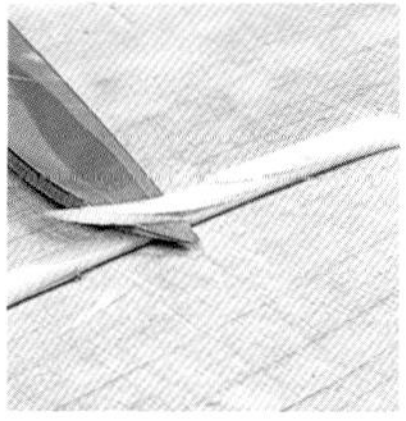

❶茎に斜めの深い切り目を数本入れる。

❷縦に薄く切って水にさらす。

◆より野菜

人参、うど、大根などで作ります。かつらむきにしてから斜め細切りにし、水につけて、よらせます。

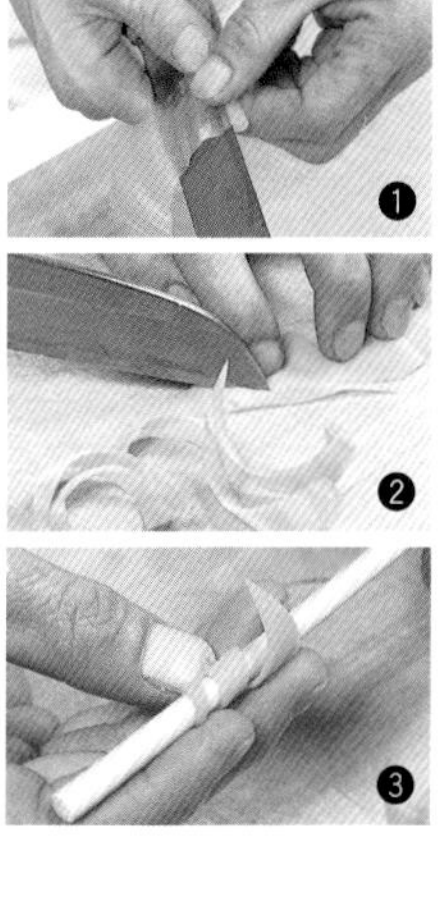

かつらむきにしたのち、斜め細切りにし、水に放す。芯に近い部分はらせん状になりやすい。形がつきにくい時は箸に巻きつけるとよい。

◆水玉きゅうり

かつらむきしたきゅうりを巻き戻し、小口から切り目を入れて適当な幅で切り分け、波のように作ったものです。

❶きゅうりを1周半ほど桂むきにする。

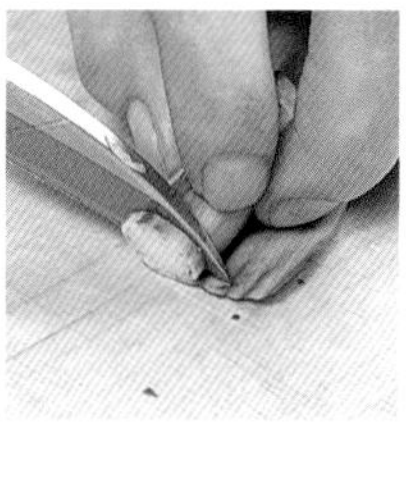

❷2回ほど切り目を入れて切り分ける。

わさびのおろし方

わさびは辛味と香りを引き出すように、目の細かいおろし器で、ゆっくりとの字を描くようにおろします。茎を落としたら、布巾で拭いて汚れをこそげ落とします。黒い部分も包丁でむき取る必要はなく、無駄なく使います。目の細かいおろし器を使う方が辛味、香りが出やすくなります。

❶わさびは茎の部分を包丁で切って落とす。茎は醤油漬けなどにできる。

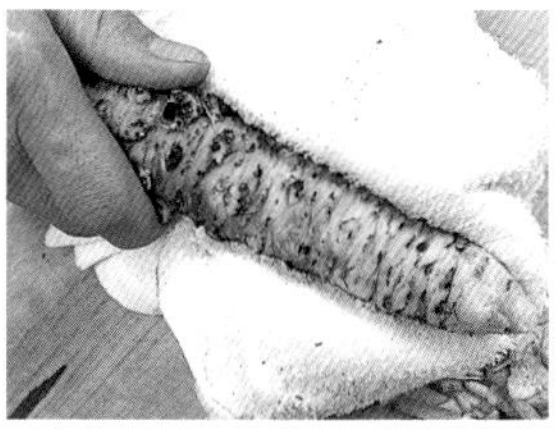

❷布巾で汚れを拭き取っておろす。黒いところやいぼの部分を包丁でむく必要はない。

❸のの字を描くようにしておろす。わさびの辛味は揮発性なのでおろしたてを添える。

紅葉おろしの作り方

薄造りなどポン酢醤油の薬味に欠かせません。大根と唐辛子のほどよい辛味が食をすすめますし、薄造りに添えて出すと色味もきれいです。一晩水につけて柔らかくした鷹の爪を大根に射込んでおろしていきます。手軽には、市販の赤おろしの素と大根おろしを混ぜて作っても結構です。

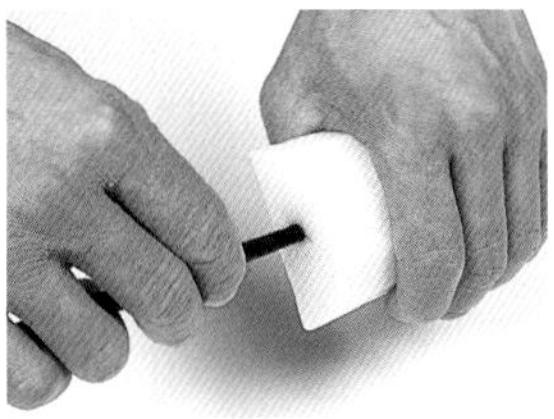

❶大根は適当な長さに切り、皮をむき、箸などで中央に穴をあける。

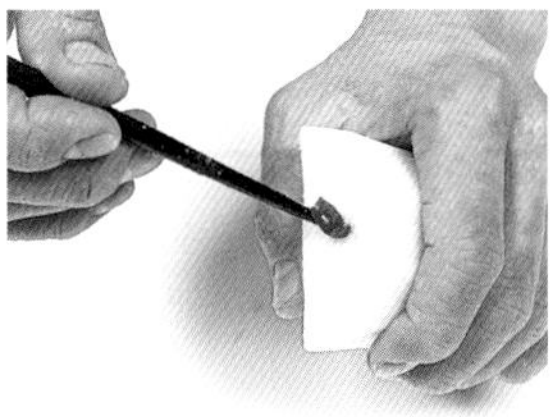

❷一晩水につけて柔らかくした鷹の爪を、箸で押して穴の中に詰め入れる。

❸おろし金でおろす。目の細かいところでおろす方が口当たりがいい。

わさび台の作り方

ちょっと懐かしい仕事ともいえますが、手近な野菜を使い、簡単な細工ながら、楽しくと工夫するものです。ここではきゅうりを使った、手軽なわさび台三種を紹介します。

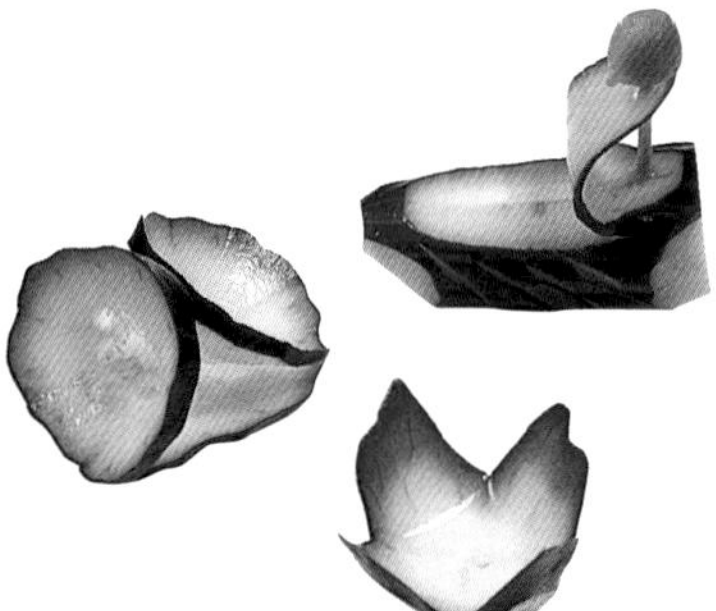

◆帆かけ船

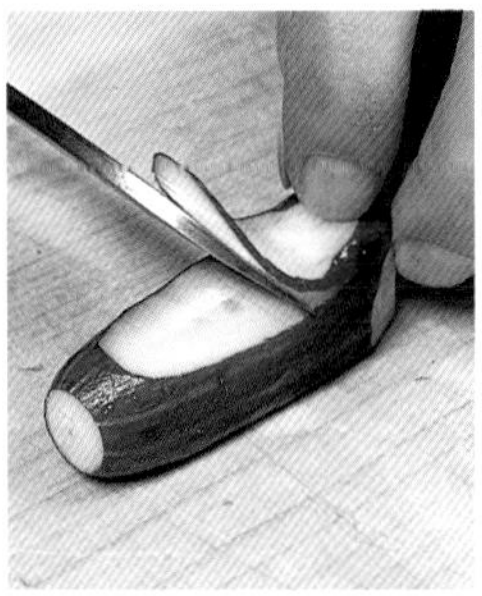

❶きゅうりはへたを落として4㎝ほどに切り、天地が水平になるよう皮を落とし、天側を薄く切り込む。

❷楊枝などで帆のように止める。楊枝の頭に人参等を球形にむいて差し込む。

◆花びら

❶きゅうりは端を落とし、写真のように皮を四面にむき取る。

❷①のその2㎜ほど上から切り込んでいき、内側を水平に切る。

◆花びら

❶きゅうりをらせんになるようにむいていき、2回りしたところで切り落とす。

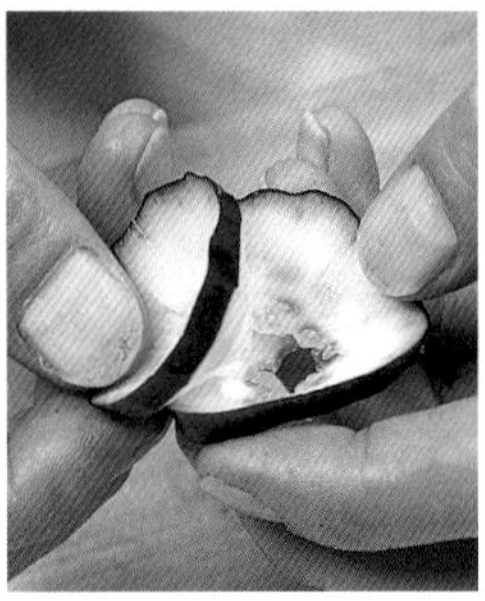

❷それぞれの端をくるりと巻いて花びらの形に整える。

魚種別にみる刺身の料理

四季を通して豊富な魚介が刺身の材料に当てられます。
土地ごとに味自慢の魚介、名物の刺身料理もあり、
刺身の料理は豊かなバラエティに富んでいます。
魚や貝類の種類ごとに、
基本的な刺身や魅力溢れる仕立て方を紹介します。

鯛

色よく、姿よく、味わいもよく、海魚の王と賞されます。幅広い造りの手法に合い、白身魚の基本ともなりますが、皮霜造りでは、皮のおいしさも堪能できます。

タイの皮霜造り

【材料】
タイおろし身…70g
きゅうりのけん　青み大根　こごみ　ラディッシュ
おろしわさび

①タイのおろし身は、皮目に縦に2本の包丁目を入れます。皮目を上にして抜き板にのせ、布巾をかぶせて、熱湯を回しかけたら、すぐに氷水にとって冷まし、水気を拭きます。これを5㎜幅くらいの引き造りにし、1人当て7切れを用意します。

②器の奥に青み大根をおき、タイの湯霜造り5切れをその上にたてかけるように盛り、きゅうりのけんをおき、さらに手前に2切れの造りを盛ります。こごみをたてかけ、薄切りのラディッシュにおろしわさびをのせて添えます。

◉覚え書き

◆タイは一尾を有効活用できる魚で、捨てるところがないといわれます。皮の部分にも旨味がありますから、ここで紹介のように湯霜（皮霜）造りにすると喜ばれます。皮目に飾り包丁を入れてから湯霜にすると皮がきれいにはぜて、見た目よく、食べやすくなります。

◆こごみの下ごしらえ／こごみは固い部分を切り落とし、立て塩につけてからゆがき、冷水で冷まし、八方だしにつけておいたものです。

タイの引き造り

【材料】
タイの上身…70g
大葉　大根のけん　花穂じそ　紅芽
花びら人参　おろしわさび

①タイは上身を用意し、一人当て5切れの引き造りにします。
②器の奥に大根のけんをおき、大葉を重ね、タイの引き造りを奥側に3切れ盛り、手前に2切れを盛ります。手前右側に紅芽とおろしわさびを添え、花穂じそと人参で作った桜の花びらをあしらいます。

◉覚え書き
◆わさび醤油のほか、梅醤油やごま酢醤油も合います。
◆タイの造り身は5㎜幅くらいが目安です。身がプリプリした天然物は、あまり厚く切らず、口の中で噛みきれる大きさを心がけます。

タイのそぎ造り

【材料】
タイの上身…35g
たらの芽　ふき　筍（茹でたもの）　菜の花　うど
みょうがのけん　黒皮南瓜のちょうちょ　おろしわさび

①たらの芽は塩、重曹を加えた熱湯で茹で、冷水にさらします。ふきは板ずりして茹で、水にさらしてから皮をむきます。筍は茹でてあく抜きしたものを食べよく切ります。菜の花は塩茹でします。うどは拍子木切りにし、酢水にさらします。
②タイはやや大きめのそぎ切りにし、一人当て5切れを用意します。これで①のたらの芽、ふき、筍、菜の花、うどを軽く巻いて、器に盛り、みょうがのけん、おろしわさび、飾り切りのちょうちょをあしらいます。

◉覚え書き
◆そぎ切りのタイで春野菜を巻き、風味にアクセントをつけました。巻くものは長芋やあさつき、大根、りんご、梨、焼いた生椎茸なども合います。
◆つけ醤油は味噌醤油やごま醤油でも美味です。

タイの三枚おろし

魚のおろし方の基本中の基本とされます。
身に負担をかけないよう包丁の回数は少なく、
不必要に水を使わないこともポイント。

■ウロコを引き、ワタと頭を除く

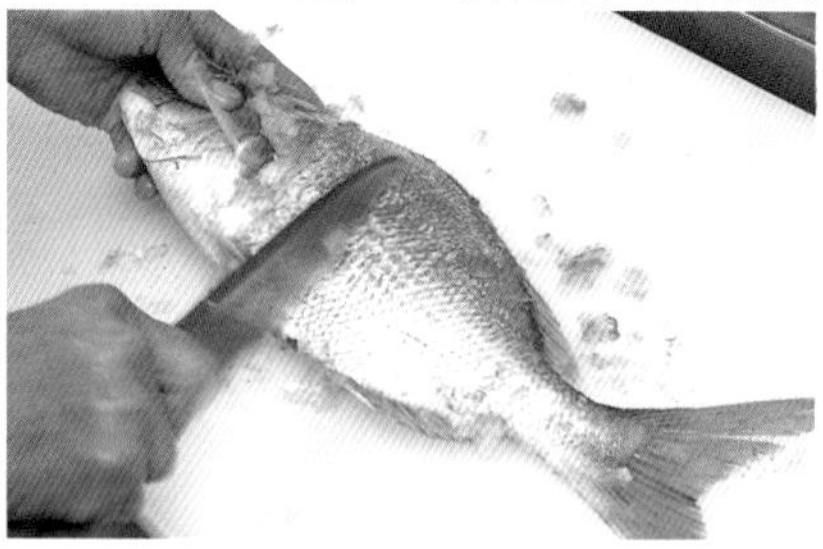

❶尾から頭にむけ、包丁でこそげてウロコを引く。頭やヒレの周辺のウロコは堅いので丁寧に。

❷エラぶたを持ち上げ、エラとカマの下の骨を切ったら、エラを取り出す。

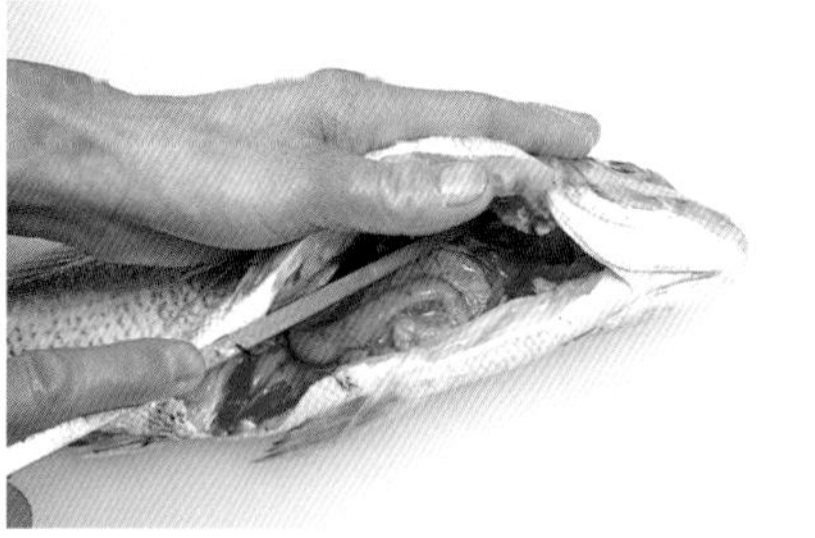

❸片手でエラぶたを押さえ、エラぶた下から産卵口まで腹を切り開く。

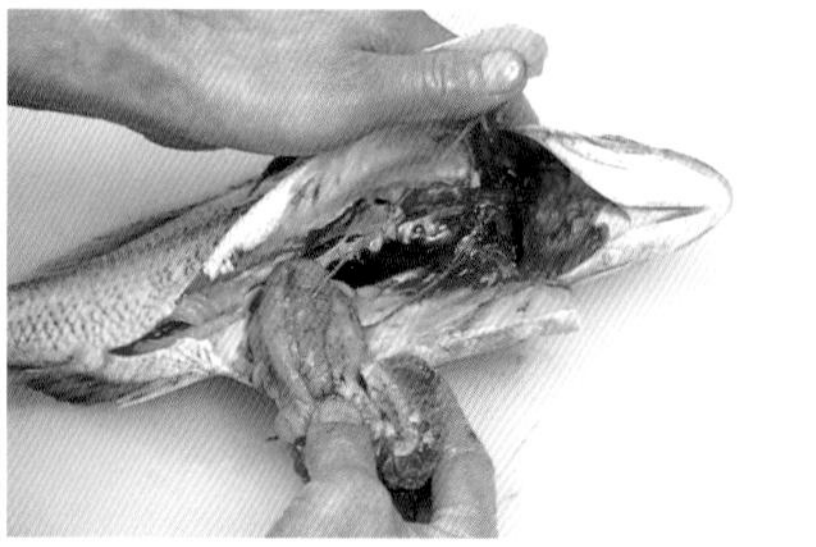

❹ワタを取り出す。写真のように子を持っていることもあるので注意して取り出す。

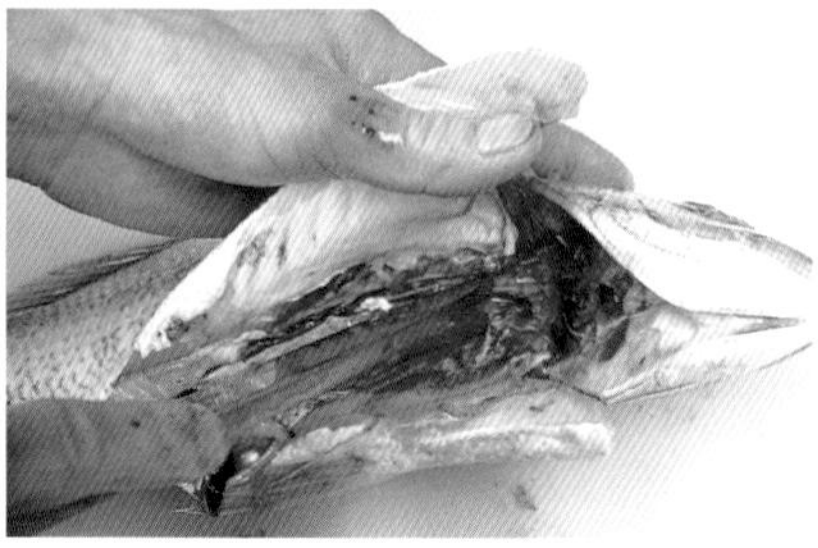

❺包丁の切っ先で血合いなどをかき出す。

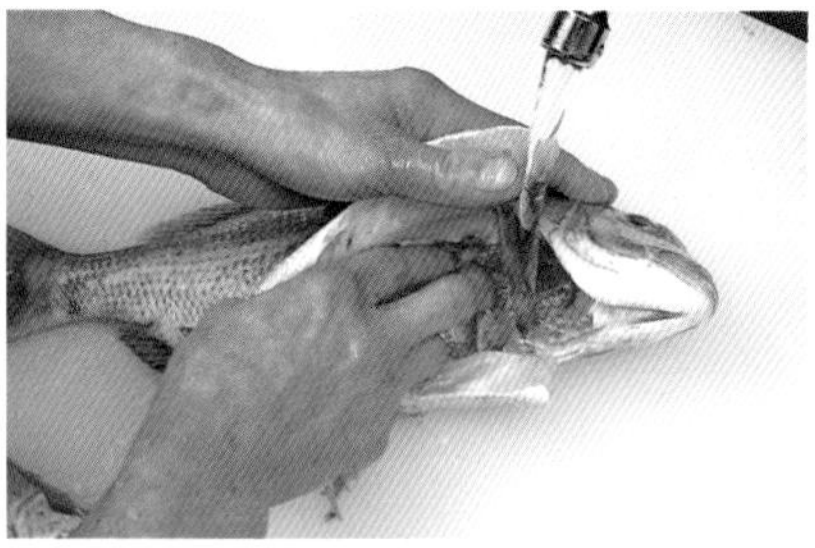

❻流水で腹の中まできれいに洗う。ささらを使うと残り血などがかき出しやすい。布巾で腹の中まで水気をしっかりと拭き取る。

❼包丁を腹ビレの横に斜めに入れ、中骨に当たるまで切り込む。裏返しにして反対側からも同様に包丁を入れて、頭を切り落とす。

■三枚におろす

❽先に下身をおろす。頭側を右にしておき、まず腹側から中骨の上に包丁を沿わせて、尾のつけ根まで切り開く。

❾次いで頭側の背まで包丁を入れ、尾の方に包丁をすべらせ、身を切り離してゆき、尾の手前で切り離す。

❿上身をおろす。背を手前にしておき、中骨に当たるまで包丁を差し入れ、尾まで切りすすむ。

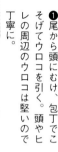

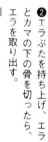

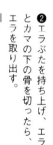

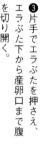

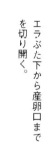

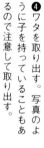

⓫次いで腹側に包丁を入れて、包丁を尾にむけてすすめる。

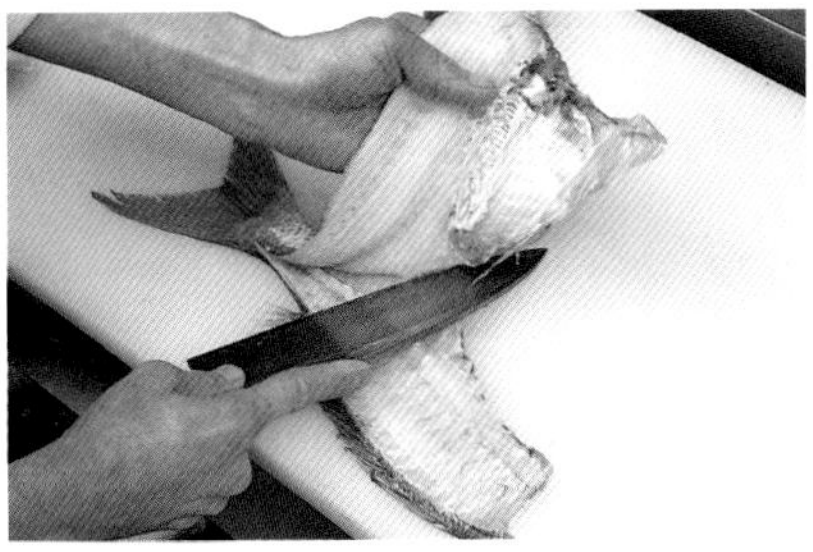

⓬身を片手に持ち、骨の上を包丁で切りすすめる。

⓭尾の間際まで包丁をすすめ、尾から身を離す。

⓮三枚におろしたタイ。左から上身、中骨、下身となる。

■筋取りする

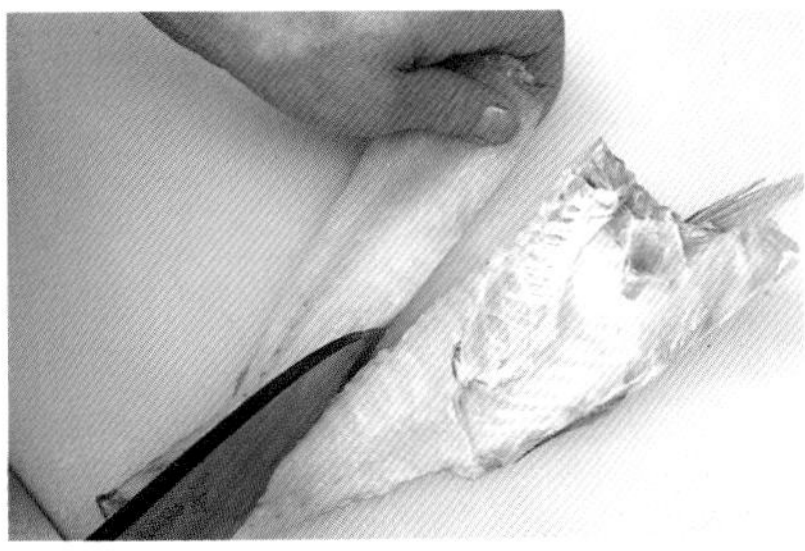

⓯中骨を境に背身と腹身に筋取りする。腹身の方に小骨や血合いが残るように切る。上身、下身を切り分け4本に筋取りする。

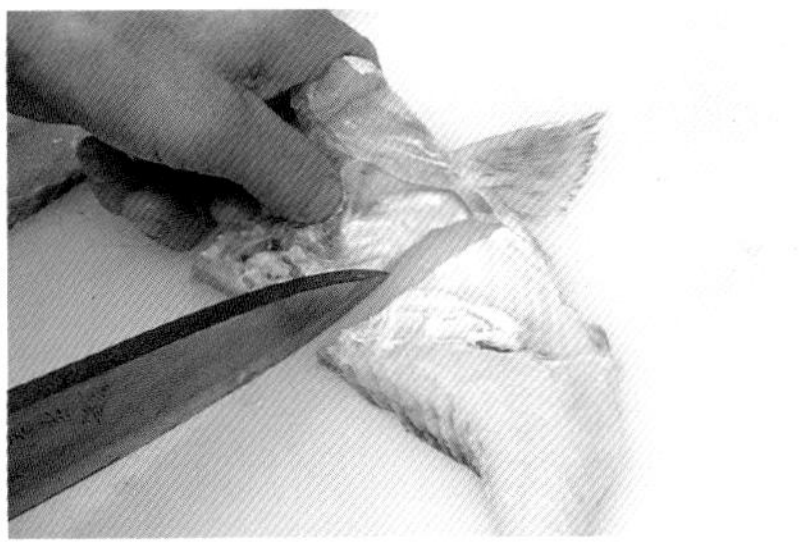

⓰堅い腹骨の部分を腹ビレの下あたりで切り落とす。

⓱包丁をねかせるように入れて、腹骨をうすくそぎ取る。

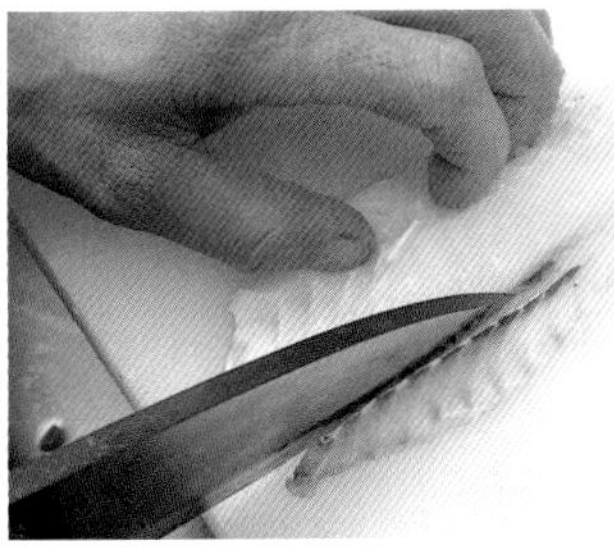

⓲腹身から小骨と血合いのある部分を切り離す。

■皮をひく

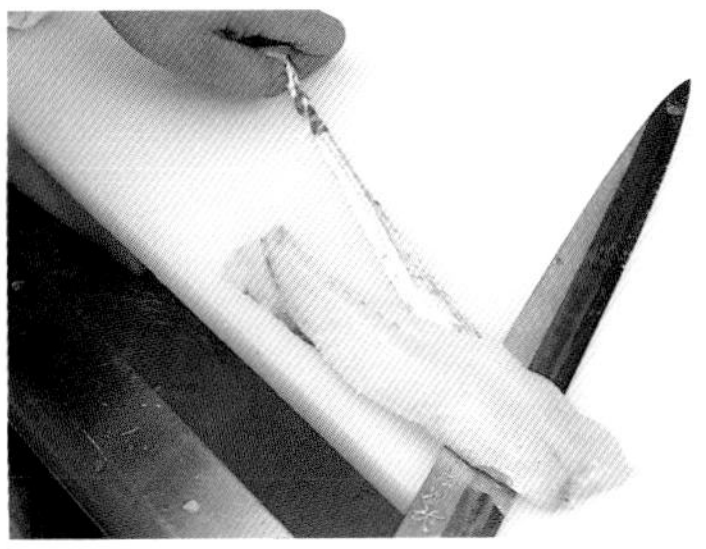

⓳頭側を右に皮目を下におき、尾先を少し切って皮と身の間に包丁を入れ、尾側の皮を押さえ、包丁の刃をまな板に当てて切りすすめ、皮をひく。

タイの湯霜造り（皮霜造り）

タイは皮もおいしい魚。
皮目に包丁を入れてから湯霜にすると
皮がきれいにはぜて、
見た目よく、食べやすくなります。

❶皮面に縦の包丁目を入れ、抜き板に皮目を上にしてのせ、さらしをかぶせる。熱湯を皮目にだけまわしかける。

❷皮が反ってきたら、すぐに氷水にとって冷ます。水気を丁寧に拭き取ってから使う。

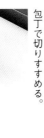

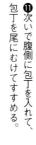

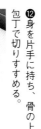

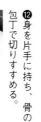

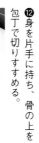

鮃

ヒラメはタイと並ぶ白身の高級魚。淡泊で上品な旨味、そして歯ごたえのよさを楽しみます。一尾をおろしたら、えんがわも添えると、ご馳走感が高まります。

ヒラメの薄造り

【材料】
ヒラメの上身…50g　ヒラメのえんがわ…20g
青み大根　青ねぎ　おくら　レモン　紅葉おろし
●ポン酢醤油（13頁参照）

①ヒラメの上身は薄いそぎ造りにし、1枚そぐごとに器にもっていきます。
②えんがわは食べよく切って重ねて盛ります。くし型のレモンの上に紅葉おろしをのせ、青み大根、青ねぎを添え、おくらをあしらいます。

◉覚え書き
◆ヒラメの薄造りにフォアグラとキャビアを添えて供し、巻いて食べて頂くと洋風趣向の新しい味わいで喜ばれます。

ヒラメの上品な味わいに、濃厚なフォアグラの旨味、そしてキャビアの風味が重なりあって、贅沢な味わい。ワインも合います。

ヒラメのそぎ造り

【材料】
ヒラメの上身…50g　ヒラメのえんがわ…20g
木の芽　水前寺海苔　つくし
紅葉おろし
●ポン酢醤油（13頁参照）

①ヒラメの上身はそぎ造りにし、端を折り重ねてつんもりと盛ります。天に食べよく切ったえんがわをのせ、戻してあられに切った水前寺海苔をあしらい、木の芽を飾ります。茹でたつくしを前盛りにし、紅葉おろしを添えます。

◉覚え書き
◆つくしはガクをむき、灰アク水で湯がき、水にさらしてから八方だしにつけたものを使っています。湯がいたつくしは、瓶詰めにし、煮沸しておくと日持ちします。

ヒラメの細造り　松前和え

【材料】
ヒラメの上身…50g
糸昆布　みょうが　大葉　菜の花の黄身おぼろ和え

①ヒラメの上身は細造りにし、糸昆布、せん切りのみょうが、きざみ大葉とともに和えます。器に盛り、菜の花の黄身おぼろ和えを添えます。

◉覚え書き
◆黄身おぼろは、茹で卵の黄身を裏漉しにかけて、鍋に入れ弱火で煎りあげて冷ましたもの。色よく茹でた菜の花を黄身おぼろで和えます。
◆松前は、昆布を使った料理につく名。江戸時代、昆布が北海道の松前藩から送られてきたことに由来します。

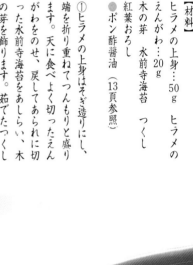

ヒラメの五枚おろし

**ヒラメやカレイなど身が薄く扁平の魚は、
普通五枚におろします。
細かいウロコを丁寧にすき取りますが、
スプーンを使うと楽に除けます。**

■ウロコをすき取り、頭とワタを除く

❶すべりやすいので布巾などでしっかりと押さえ、尾側から頭にむけて包丁を当て、皮を傷めないようにウロコだけをすき取る。

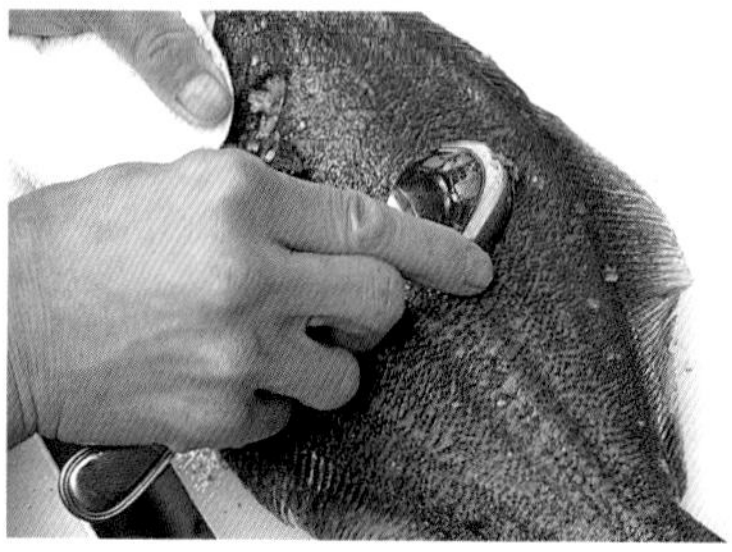

❷普通、柳刃でウロコをすき取るが、スプーンを使うと慣れない場合でも皮を傷めずにウロコを引くことができる。

❸腹側のウロコも同様にすき取る。

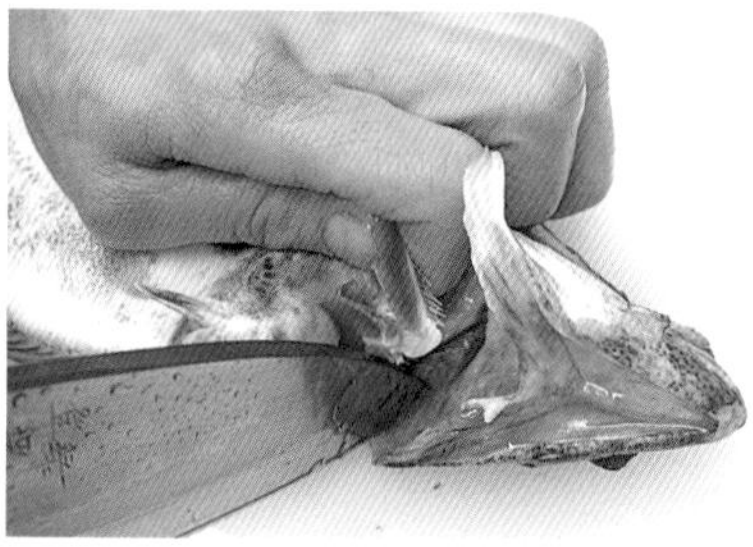

❹エラぶたを持ち上げ、包丁を差し込む。

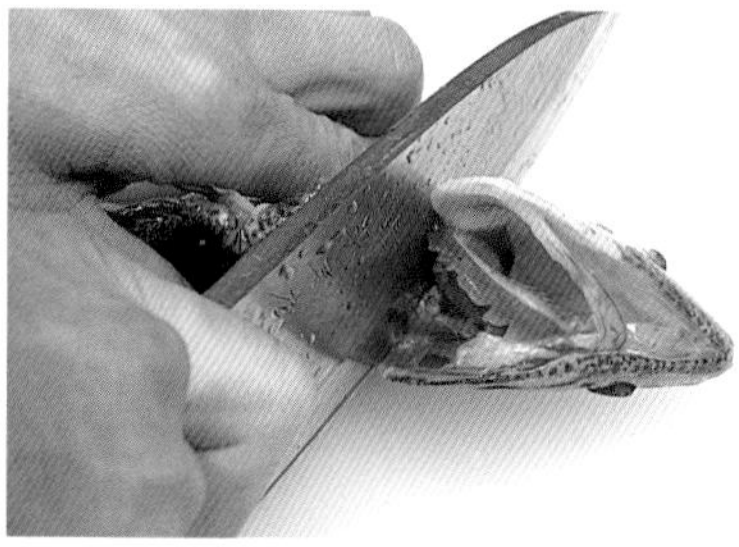

❺エラのつけ根を切り離し、エラを取り除く。

❻ついで頭を切り落とす。

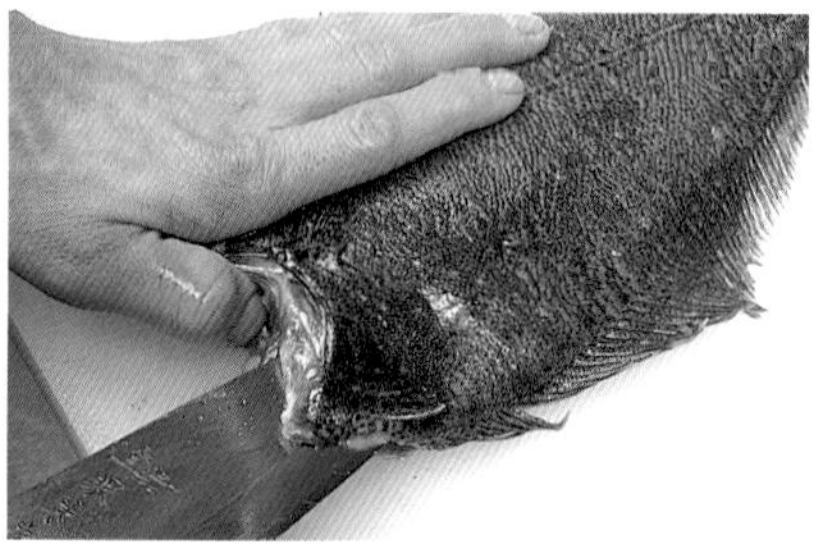

❼背側の頭口から包丁を差し入れ、少し切り開く。

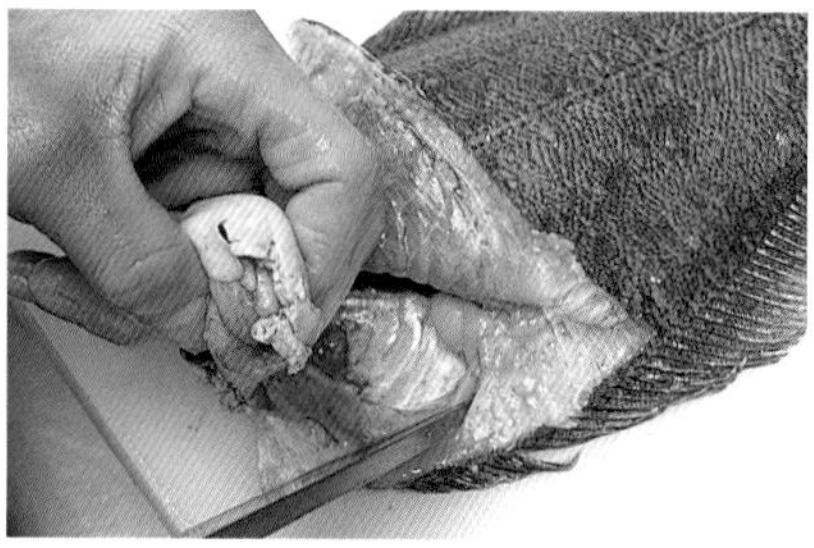

❽ワタをつぶさないように注意して取り出す。

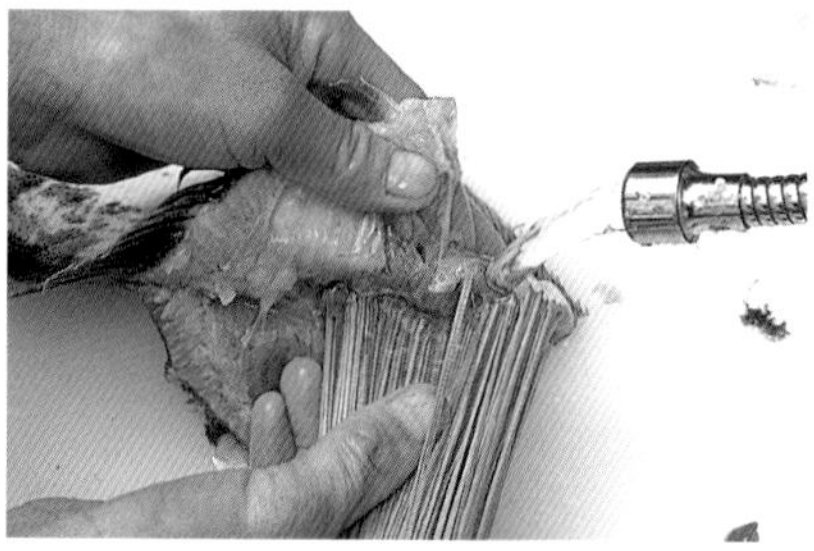

❾流水で洗う。ワタを取り出した部分は、ささらなどを使い、血合いなどもかき出してきれいに洗う。

❿布巾で水気を拭き取る。すべっておろしにくくなるので、丁寧に拭き取ること。

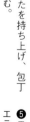

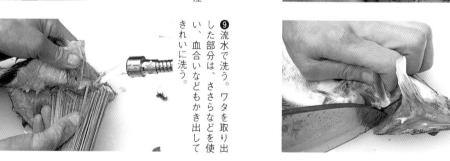

■五枚におろす

⓫背側を上にしておき、中骨の上を頭から尾に向けて包丁を入れる。

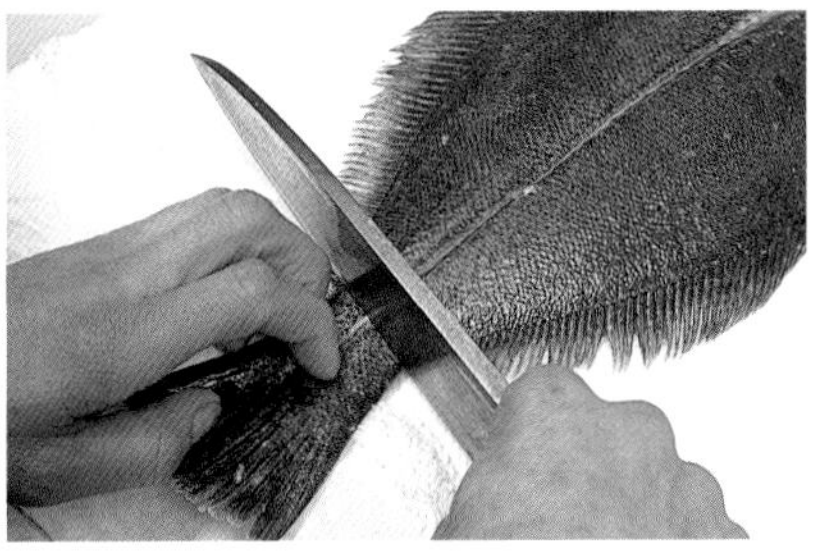

⓬尾の部分に切り込みを入れる。

⓭背側の腹身からおろしていく。左手で身を持ち上げ、包丁をねかせて入れ、骨の上を尾まで切りすすめる。

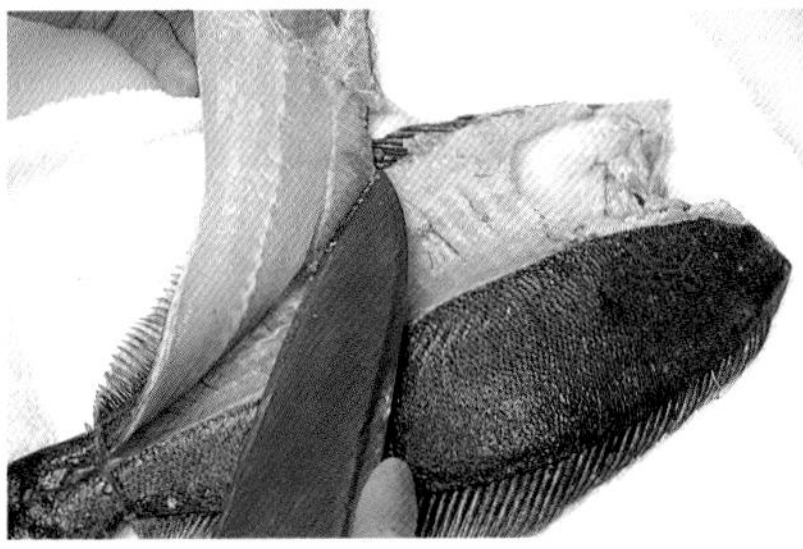

⓮頭側に包丁を戻し、ヒレに届くまで包丁を入れて切り開く。

⓯背側の背は、尾側から切り開いて同様にしておろす。

⓰腹側も中骨の上に包丁を入れて尾に切り込みを入れる。まず腹側の背をおろす。

⓱中骨に沿わせて尾まで切りすすめる。

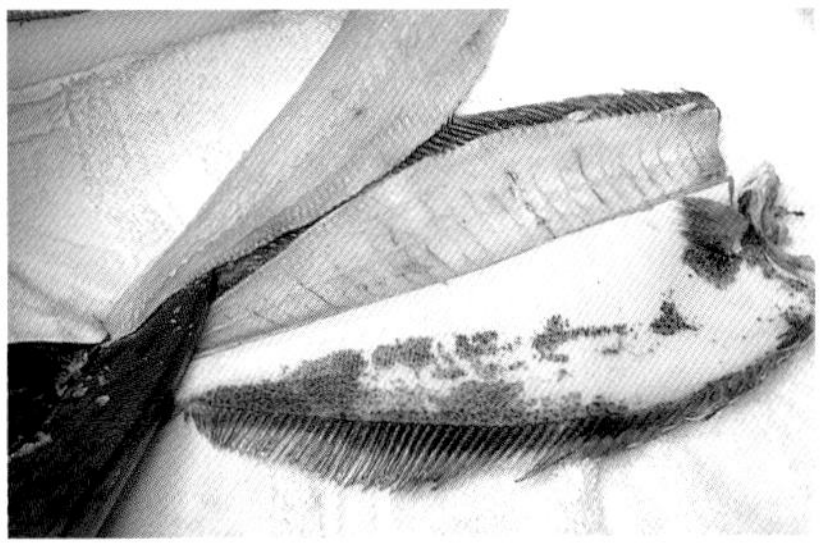

⓲ヒレに届くまで包丁を入れて腹側の背を切り離す。

⓳腹側の腹も同様の要領でおろして5枚にする。

⓴写真左から背の背、背の腹、中骨、腹の腹、腹の背となる。

■皮をひく

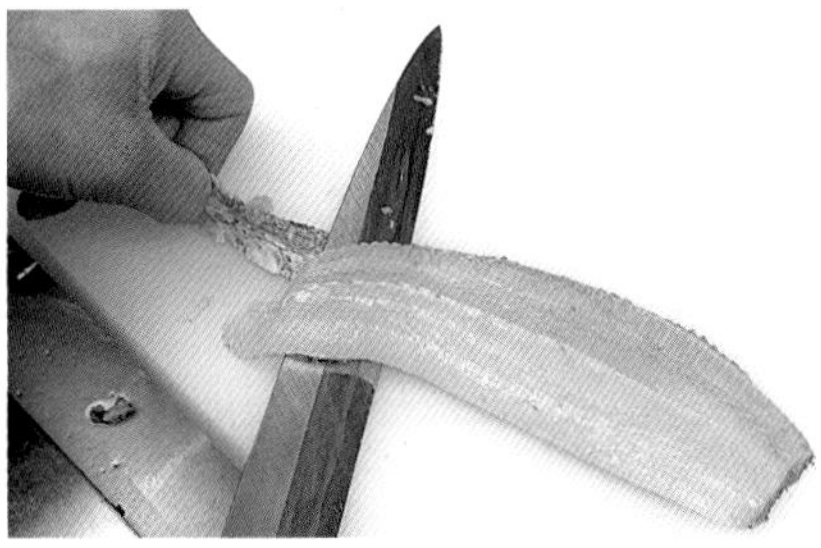

㉑頭側を右におき、尾の端の身に切り込みを入れ、左手でひっぱりながら皮をひく。

㉒えんがわを切り離す。

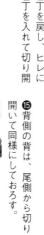

鰈

薄造り、糸造り、そぎ造りなどで
特有の歯応えのよさを楽しみます。
姿造りにしても見栄えのよい魚です。

目板ガレイの姿盛り

【材料】
目板ガレイ…1尾
大葉　花穂じそ　合い混ぜのけん　水前寺海苔　黄菊　はす芋　防風　岩海苔

①目板ガレイは、中骨に頭と尾をつけた五枚におろします。尾頭つきの中骨は、尾側が跳ね上がった形になるように竹串を刺して形を整え、小麦粉をつけて二度揚げにして冷まします。器の左半分のスペースにおき、大葉をおきます。器の右側には合い混ぜのけんをおき、大葉をたてかけます。

②①のカレイの皮を引きます。半量を薄造りにし、一枚そぐごとに中骨の舟の中、大葉の上に盛りつけていきます。残り半量は糸造りにし、まとめて右側の大葉の上に盛ります。

③花穂じそ、岩海苔、戻した水前寺海苔を松葉に切ったもの、飾り切りしたはす芋、黄菊の花びらをあしらいます。

◉覚え書き

◆薄造りはポン酢醤油で、そぎ造りはわさび醤油ですすめます。

◆目板ガレイは、から揚げにしておいしい魚。じっくりと二度揚げにして中骨も味わって頂きます。

鱸

体長が1メートル近くにもなる大型魚。
夏に旬を迎え、脂ものっていますから
洗いなど、あっさりした造りも喜ばれます。

スズキの洗い

【材料】
スズキの上身…50g
花びら百合根　貝割れ菜　防風　すだち

①スズキの上身は5㎜前後のやや薄目のそぎ切りにして、たっぷりの氷水でふり洗いして、水気を拭き取ります。
②器に氷を敷き詰め、花の形に切ったかぶをのせ、スズキの洗いを重ね盛りにします。貝割れ菜、防風、すだちを添え、花びら百合根をあしらいます。

◉覚え書き
◆洗いは、氷水の中でふり洗いするか、強い流水にあてて、身をちりちりとはぜさせる造りの手法のひとつ。余分な脂を抜いてあっさりと身をしめることができます。
◆スズキのおろし方は基本的にはタイに準じますが、扁平なタイに比べて紡錘型ですので、その形を活かしておろしていきます。
◆スズキは出世魚の一種。地方ごとに呼び名は変わりますが、一般に体長25㎝位の一歳魚をセイゴ、二、三歳魚をフッコ、60㎝以上の成魚をスズキと呼びます。
◆花びら百合根は、百合根の中ほどの形のよいところを飾り切りし、食紅を加えた湯でさっと茹で、水にさらしたものです。

鮎並

関西ではアブラメと呼ばれる白身魚で、
春から夏にかけて旨味が増します。
皮のおいしさを活かす焼き霜や湯引きが主流。

アイナメの焼き霜造り　豆板醤マヨネーズ添え

【材料】
アイナメのおろし身…50g
けん（黒皮南瓜　みょうが　きゅうり）　青み大根　たでの葉　おろしわさび
●豆板醤マヨネーズ

①アイナメは皮面を火取り、氷水にとって冷やした後、水気を拭き取り、1人当て5切れの引き造りにします。
②器の奥に青み大根をおき、アイナメの造りを軽く巻くようにして盛り、けんとおろしわさび、たでの葉をあしらい、豆板醤マヨネーズを別器で添えます。

◉覚え書き
◆豆板醤マヨネーズの少しピリ辛でコクのある味わいが芳ばしい焼き霜造りに合います。わさび醤油や生姜醤油でも結構です。
◆豆板醤マヨネーズの作り方／マヨネーズ大さじ3、レモンの絞り汁小さじ1、濃口醤油小さじ1、豆板醤小さじ1を混ぜます。好みで添えのおろしわさびを加えて頂きます。

アイナメの湯引き　梅肉添え

【材料】
アイナメのおろし身…50g
ビーフン　かもじねぎ　きざみ大葉　梅肉　じゅんさい

①アイナメは、細かく骨切りをして3㎝くらいで切り分けたのち、湯ぶりをして切り目を開かせます。
②戻したビーフンときざみ大葉を混ぜたものを器の中央にこんもりと盛り、アイナメの湯引きを立体的に盛ったら、天にねぎときざみ大葉をあしらい、手前にじゅんさいと梅肉を添えます。

◉覚え書き
◆アイナメは小骨が多い魚ですし、切りつけたままで湯引くと、肉質が縮んで固くなりますから、細かく包丁目を入れて、骨切りしてから湯引きます。こうすると口当たりがよく、皮も身もおいしく味わえます。
◆アイナメの旬は春から初夏にかけて。とくに初夏には脂がのって旨味が増します。ここでは初夏の造りらしく、じゅんさいと梅肉を添えました。
◆ビーフンは水で戻し、熱湯で柔らかく茹でて使っています。

鯒

よく締まった身肉で、上品な甘みが特徴。
上身にしたら冷蔵庫でしばらく冷やすと
切りつけやすくなります。

「コチの二種盛り

【材料】
コチのおろし身…一筋
白髪ねぎ　赤芽じそ　花丸きゅうり
おろしわさび

①コチのおろし身は皮をひきます。半量はやや薄目のそぎ造りにして湯引き、素早く氷水にとって冷まし、水気を拭きます。残りの半量は4回包丁目を入れて切り落とす、5目落としの角切りにします。コチの皮は湯引いておきます。
②器に里芋の葉をおき、奥に角切りを盛り、手前にそぎ造りの端を重ねるようにして盛り、コチの皮を天に盛ります。白髪ねぎ、赤芽じそ、おろしわさびを添え、花丸きゅうりをあしらいます。

◉覚え書き
◆コチは、洗いや薄造り、昆布〆にもします。薄造りの場合、身が柔らかいのでしばらく冷蔵庫で締めると切りやすくなります。

鱚

上品な持ち味を活かして造りに仕立てます。懐石料理の向付けにもよく使われる魚ですが、少量をつんもりと盛ると品よくまとまります。

キスの焼き霜造り

【材料】
キスのおろし身…一尾分　スミイカ…30g
防風　花丸きゅうり
●甜麺醤(テンメンジャン)入り割り醤油

①キスは三枚におろして腹骨をすき取ります。皮目を焼いて、素早く氷水で冷まし、水気を拭きます。これを食べよい大きさの短冊に切ります。
②スミイカは短冊に切り、1人あて3切れを用意します。
③器の右側に①のキスの焼き霜造りを重ねて盛り、左側にスミイカの造りを盛り、防風をあしらい、手前に花丸きゅうりを添えます。

◉覚え書き
◆ここでは甜麺醤とたまり醤油を混ぜた、やや甘みの勝ったつけ醤油を用意しましたが、梅醤油やわさび醤油も合います。甜麺醤は中国料理に欠かせない甘味噌で濃厚な旨味が特徴。

キスのお造り

【材料】
キスの上身…大一尾分　スミイカ…30g
はす芋　岩海苔　人参のけん　すだち
おろしわさび

①キスは4、5cm長さの短冊切りにします。スミイカは糸造りにします。
②器の中央より奥にキスの短冊造りを重ねて盛り、その手前に薄切りのはす芋をおき、イカの糸造り、岩海苔、おろしわさびを添え、人参のけんとすだちをあしらいます。

キスの細造り　梅肉添え

【材料】
キスの上身…30g
けん（黒皮南瓜　きゅうり　みょうが）　紅芽　すだち
●梅肉醤油

①キスの上身に斜めに包丁を入れて、細造りにします。
②器の中央にけんをつんもりとおき、キスの細造りをたてかけるように盛ります。けんとすだちを添え、天に紅芽をあしらい、別器で梅肉醤油を添えます。

◉覚え書き
◆キスは大名おろしで一気に三枚におろします。腹骨をすき取り、皮を引いた後、細造りにしますが、大きめのキスの場合、小骨を丁寧に抜く方がいいでしょう。

馬面剥

ウマヅラハギはカワハギの近縁種。
ともに肝が大きく、美味なことで知られます。
肝和えのほか、肝を溶いたポン酢醤油もおつ。

「ウマヅラハギの共和え

【材料】
ウマヅラハギ…一尾
うるい　ラディッシュ　あさつき　花びら大根　紅葉
おろし　すだち

①ウマヅラハギは、頭とワタを除いて皮を丸むきにし、三枚におろし、細造りにします。肝はとっておきます。
②ウマヅラハギの肝を細かくたたきます。
③①のウマヅラハギの細造りを②の肝で和えます。器の奥にうるいをおき、中央に共和えをこんもりと盛り、天にラディッシュのけんをのせ、あさつきの小口切りをあしらいます。花びら大根の上に紅葉おろしをのせ、すだちを添えます。

◉覚え書き
◆カワハギも同じように調理できます。共和えは、肝を使いますから鮮度のよいものを求めて下さい。

おろし方

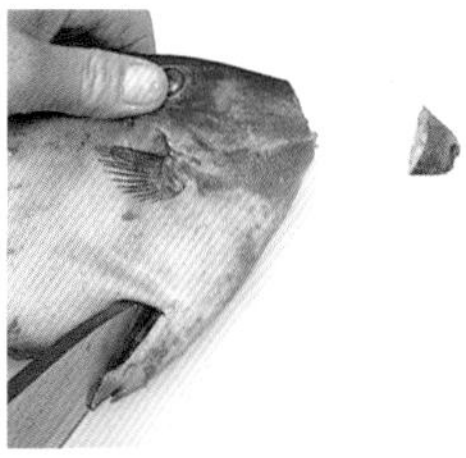

❶口の先を切り落とし、肛門のあたりに切り込みを入れる。

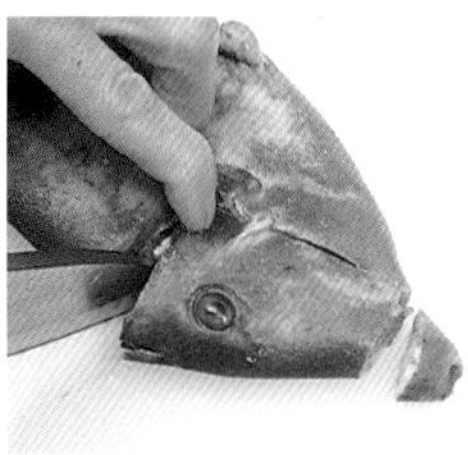

❷頭のツノのうしろから胸ビレのあたりまで包丁を入れる。

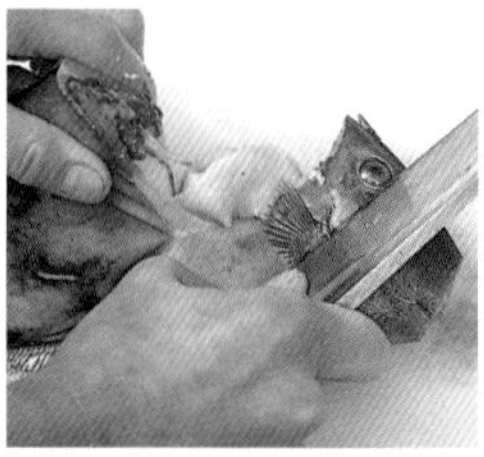

❸頭を包丁でしっかりと押さえ、身を引っ張って離す。

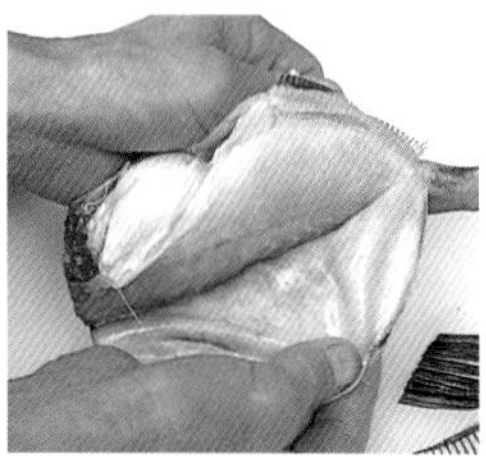

❹腹の側から一気に皮をはぐと簡単にむける。この後三枚におろす。

赤睦

赤ムツは色を活かし、湯霜にすると
見栄えのよい造りに仕上がります。
白身のわりには脂肪分が多いのが特徴。

赤ムツの湯霜造り

【材料】
赤ムツのおろし身…70g
松葉きゅうり　花びら人参　かぼちゃのけん　かぼちゃのいちょう　紅大根　莫大海　紅葉おろし　青柚子

①赤ムツのおろし身は、皮目を上に抜き板にのせて布巾をかぶせ、皮面にだけ熱湯をまわしかけて、すぐに氷水にとって冷まし、水気を拭きます。これを1人当て6切れの引き造りにします。
②器に砕いた氷を敷き詰めて簀の子をのせ、左奥寄りに3切れを盛り、薄切りの紅大根をたてかけ、残りの3切れを手前右に盛ります。紅葉おろしと青柚子を添え、けんとつまをあしらいます。

◉覚え書き
◆赤ムツは、ノドグロとも呼ばれます。脂肪の多い白身魚で、刺身のほか、幅広い料理に合います。

石垣鯛

磯釣りの人気魚で、タイとは別種。
特有の磯臭さがありますが、
それが魅力ともなっています。

イシガキダイの造り

【材料】
イシガキダイのおろし身…110g
松葉うど　より人参　あさつき　紅葉おろし　すだち

①イシガキダイは皮をひいて、皮は湯ぶりします。身は4、5㎜くらいのそぎ造りにし、端を折り重ねて、切り身を少しずつ重ねて放射状になるように器に盛ります。イシガキダイの湯引いた皮をのせ、あさつき、すだち、紅葉おろしを添え、松葉うどとより人参をあしらいます。

◉覚え書き
◆イシガキダイはイシダイ科の魚で、タイの名はつきますが、タイとは別種。本州中部以南の沿岸に分布し、イシダイ同様、磯釣りの人気魚です。この魚は海藻やフジツボ、ウニなどを砕いて食べるので、磯臭さがありますが、食通には、そのクセが魅力となっています。私の出身地、高知ではコウロの名で親しまれています。
◆つけ醤油は、梅醤油、オイルごま醤油、わさび醤油などで。

星鮫

食用とされるサメのうち、ホシザメの新鮮なものはとくに味がよく、意外とあっさりしています。

ホシザメの湯ぶり

【材料】
ホシザメ…100g
青梗菜　菜の花　黄身おぼろ　グリーンピース
●味噌醤油（白味噌　田舎味噌　みりん　酒　濃口醤油）

①ホシザメはへぎ切りにして茹でます。中まで火が通ったら、しばらく水にさらした後、水気を拭きます。
②氷をしいた青竹の器に笹をおき、ホシザメを盛り、色よく茹でたグリーンピースを散らします。添えの塩茹でした菜の花と青梗菜の天に黄身おぼろをふります。味噌醤油ですすめます。

◉覚え書き
◆サメは、日本近海には100種近くがいるといわれ、アオザメやヨシキリザメ、シュモクザメなど、食用とされるものもありますが、ほとんどが蒲鉾や竹輪などの加工用にされます。ホシザメはサメの中で味がよく、新鮮なものは刺身にも向きます。
◆味噌醤油は、白味噌に対し田舎味噌2割をすり混ぜ、煮きったみりんと酒、濃口醤油で味を調えたもの。この刺身には少しピリッとする方が合いますから、一味か豆板醤少量を加えるとよいでしょう。

鰺

青魚の中ではクセが少なく淡泊で、
しかも一年中味がよい使い勝手のよい魚です。
たたきや姿造りが人気ですが、多彩な造りが楽しめます。

『アジの鹿の子造り　博多盛り

【材料】
アジ…1/4尾
きゅうり　白髪ねぎ　青ねぎ

①アジは三枚におろして、腹骨をすき取り、皮を引き、3㎜角くらいの鹿の子の包丁目を入れます。これを2㎝幅くらいのそぎ切りにします。アジの造りの間に薄切りのきゅうりを挟んで博多とし、器に2組ずつを盛ります。白髪ねぎと青ねぎをあしらいます。

◉覚え書き
◆秋に相応しいアジのお造りの一例です。アジのお造りを虫かごを模した竹籠に入れてお出しする趣向で、すすきと萩の花に、きゅうりで作ったこおろぎを添えました。

虫かごの中に、アジの造りを盛った器を入れて供し、季節感を演出。すすきと萩の花、きゅうりで作ったこおろぎを添えて初秋の風情。

アジは鹿の子の包丁目を入れてから、そぎ造りにする。

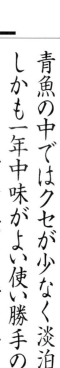

アジのたたき　二種盛り

【材料】
アジ（小）…1尾
あられ和え／長芋　青ねぎ　おろし生姜
糸造り／青ねぎ　針生姜　黒皮南瓜　みょうが　黄菊
おろしわさび　すだち

①アジは三枚におろして腹骨をすき取り、皮をひき、塩で薄くしめ、糸切りにします。

②あられ和えは、アジの半量を長芋のあられ切りと青ねぎの小口切りで和えます。糸造りは、アジを小口切りの青ねぎ、針生姜、せんに打った南瓜、みょうが、菊の花びらで和えます。それぞれを器に盛り、あられ和えにはおろし生姜と青ねぎの小口切りを添え、糸造りにはすだちとおろしわさびを添えます。

◉覚え書き

◆二種のたたきを京焼きの角型船皿に盛り分けました。

アジの姿造り　二種盛り

【材料】
アジ…1尾
大根　龍皮昆布　大葉　ねぎ　赤芽じそ　黄菊　すだち　おろしわさび

①アジは中骨に頭と尾をつけたまま三枚におろし、皮を引きます。尾頭つきの中骨は大根を枕にして、頭と尾がピンと跳ね上がるように竹串などで留めます。

②①のアジのおろし身を細造りにし、半量を小口切りの青ねぎと黄菊の花びらで和え、アジの腹側につんもりとおき、赤芽じそをあしらいます。残りは、アジの中骨の上に大葉をしいてから盛りつけ、大根のけんと青ねぎをあしらいます。大根の枕をおおうように龍皮昆布をあしらい、すだちとおろしわさびを添えます。

◉覚え書き

◆アジの姿盛り用おろし方／アジはつぼ抜きにしてエラを除き、裏側になる腹身に包丁を3～4㎝入れて内臓を取り出し、一度洗います。表になる方は腹身を姿の方につけたままおろしてゆき、裏側は切り目を入れた部分までおろします。

アジの焼き霜造り

【材料】
アジおろし身…1/2尾
大葉　ラディッシュ　より人参　黄菊　おろしわさび　チャービル

①アジは皮つきのおろし身を用意し、焼き目をつけてから、1人当て4、5切れの引き造りにします。
②器の奥に大葉をたてかけ、アジの焼き目造りを盛り、おろしわさび、茹でた黄菊を添え、薄切りのラディッシュ、より人参、チャービルをあしらいます。

アジの焼き目造りの奉書巻き

【材料】
アジ…一尾
龍皮昆布　黄菊　大根　人参　おくら

①大根をかつらにむき、立て塩につけてしんなりしたら、さっと酢で洗い、甘酢に漬けます。黄菊の花は湯がき、水にさらしてから甘酢に漬けます。
②アジは焼き霜にし、そぎ切りにします。
③龍皮昆布の上に①の大根を重ねたら、②のアジを少しずつ重なるようにおき、黄菊を芯にして、手前から巻き込みます。2㎝くらいの幅に切り、器に盛ります。天に大根と人参の細切りを相生結びにしたものをあしらい、塩茹でして縦半分に切り、種をこそげたおくらを添えます。

アジのおろし方

**アジやイワシなどの小ぶりの魚や
サヨリやサンマなど細長い魚は
頭から尾まで包丁を一気にすすめる
大名おろしで三枚におろします。**

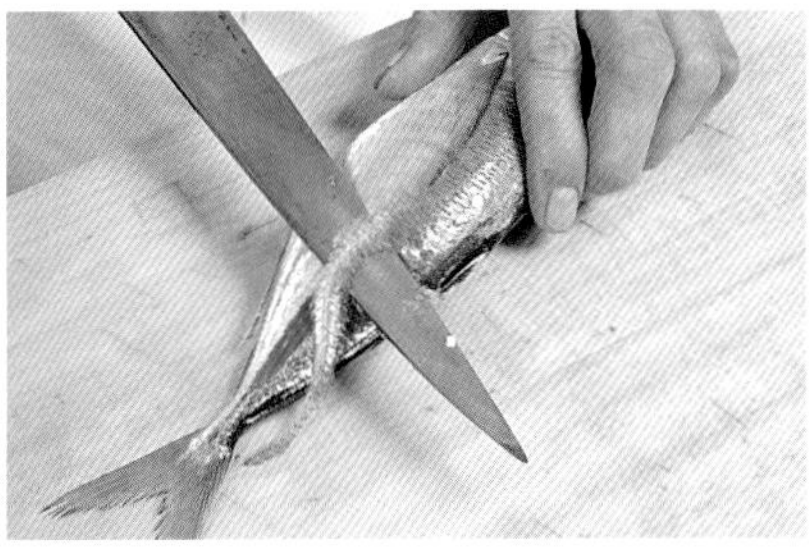

❶ゼイゴを除く。尾のつけ根に包丁をねかせ入れ前後に動かしながら切りすすめ、ゼイゴを薄くすき取る。

❷包丁の刃で尾から頭に向けてこそげ、ウロコを除く。

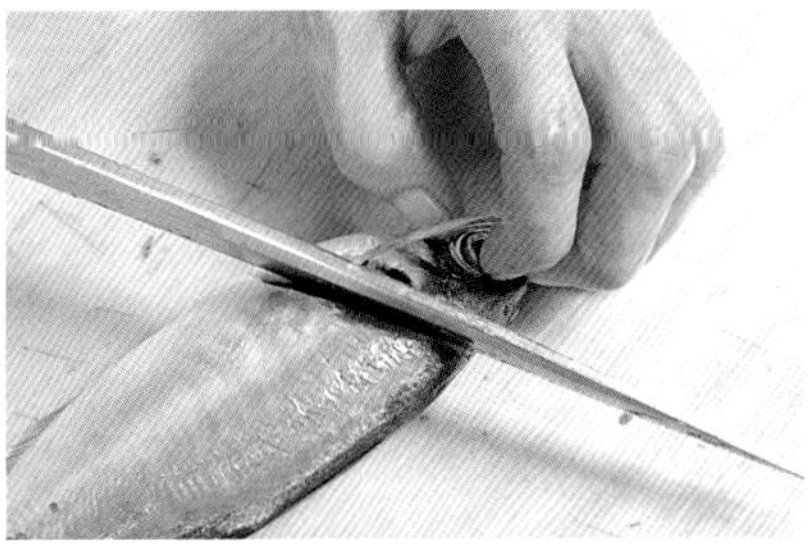

❸胸ビレを持ち上げ、その下に斜めに包丁を入れる。反対側からも同様に包丁を入れて頭を落とす。

❹腹側を肛門近くまで切り込み、ワタを除き、丁寧に水洗いする。

❺腹側を手前におき、中骨の上に沿わせて包丁を一気にすすめ、二枚におろす。

❻背側を手前におき、中骨の上に沿わせて包丁をすすめ、三枚におろす。

❼上身、下身の腹骨をそれぞれ薄くそぎ取る。

❽三枚におろされた身。

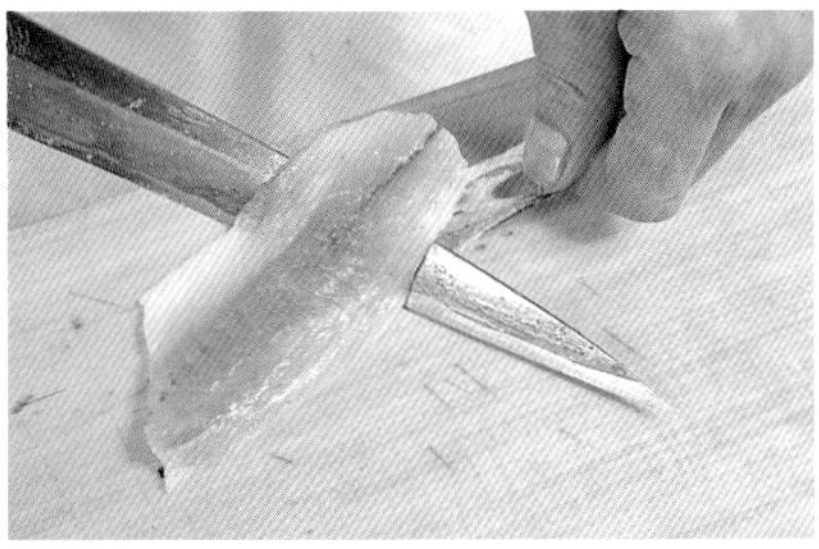

❾頭側を右にしておき、左手で皮の端をしっかり押さえるようにし、包丁をすべらせて皮をひく。

❿残っている小骨を指で探り、頭の方にむけて骨抜きで抜く。

鯖

秋が深まるごとに脂がのって、旨味も増します。
酢〆にすると余分な脂と生臭みが抜け、
すっきりした清冽な味わいが生まれます。

◆〆サバ

◆サバのたたき

〆サバ八重造り

【材料】
サバおろし身…片身
松葉うど　ラディッシュ　おろしわさび

①サバは三枚におろしたものを用意し、腹骨をすき取ります。これにべた塩をし、3時間ほどおいてから、水洗いし、酢に30分ほどつけます。
②①の酢〆のサバの残った小骨などを抜き、薄皮をひいたら、八重造りにし、1人当て7切れを用意します。
③②の〆サバを器の奥に流すように4切れ盛り、手前に3切れを持ったら、天に松葉うどをあしらい、手前に薄切りのラディッシュをおき、おろしわさびを添えます。

〆サバ

【材料】
〆サバ…1/2尾分
青み大根　にら　貝割れ菜　レモン
にんにくチップ
◉辛子酢味噌（62頁参照）

①酢〆にしたサバは、小骨を抜き、薄皮をひきます。皮目に一目切り目を入れてから次に切り離す八重造りにし、1人当て5切れを用意します。
②器の奥に斜めに青み大根をおき、〆サバを盛り、手前にさっと茹でて食べよく切ったにら、飾り切りしたレモンを添え、天に貝割れ菜とにんにくチップをあしらいます。辛子酢味噌を別器で添えます。

サバのたたき

【材料】
〆サバ…70g
食用菊（黄・紫）　すだち　ラディッシュ　合い混ぜのけん
◉わさび、すだちの絞り汁入りの造り醤油

①酢〆のサバは、残っている小骨を抜き、薄皮をひいてそぎ切りにします。
②器の中央にけんを置き、その上にそぎ造りにしたサバを菊の花びらとともに盛り、飾り切りしたラディッシュをあしらいます。輪切りにしたすだちを添えます。

◉覚え書き
◆わさびを溶いた造り醤油に添えのすだちを絞り入れて、よりさっぱりとさせます。

〆サバの作り方

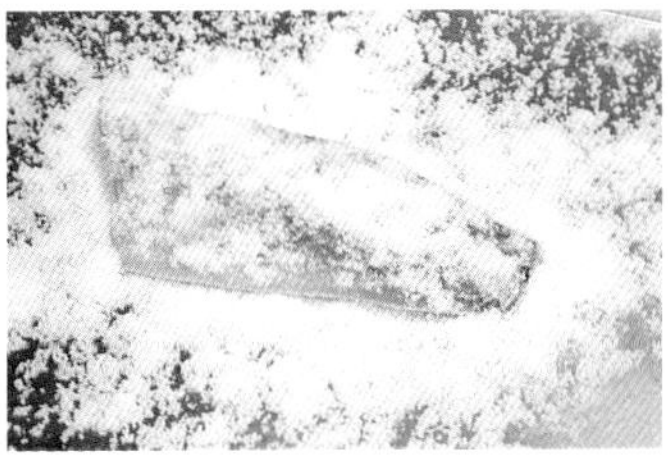

❶バットに塩をしき、サバの皮目を下にしてのせ、身側にも強めに塩をする。腹の身が薄い部分は少な目に。

❷3時間ほどおくと、塩がしっかりとまわる。夏場など暑い時期には塩のまわりが早いので、加減する。

❸水洗いして塩を洗い落としたら、水気を拭く。

❹酢に30分程つける。バットを斜めに傾けたり、クッキングペーパーで覆うと、酢の量が少なくてすむ。

❺クッキングペーパーなどで水気を丁寧に拭き取る。

❻薄皮をはぎ取る。頭の方から尾にむけてはいでいく。

◆サバの煎り卵まぶし

◆サバの香草たたき

サバの煎り卵まぶし

【材料】
〆サバ…70g
茹で玉子の黄身　大葉　花穂じそ　水前寺海苔　おろしわさび
●木の芽味噌

①茹で玉子の黄身を裏漉しし、鍋で空煎りしておきます。
②〆サバは薄皮をはいで、角切りにし、①の煎り卵をまぶします。
③大葉をしいた器に②のサバを盛り、花穂じそ、戻して八方だしにつけた水前寺海苔、おろしわさびを添えます。別器で木の芽味噌を添えます。

◉覚え書き
◆木の芽味噌の作り方／まず玉味噌を作ります。白味噌200g、卵黄2個、砂糖大さじ4、みりん1/4カップ、酒1/4カップを鍋で練ります。木の芽をすり鉢で当たり、ほうれん草の青寄せと玉味噌適量を加えてすり混ぜて、色よく仕上げます。

サバの香草たたき

【材料】
〆サバ…50g
玉ねぎ　ラディッシュ　あさつき　エディブルフラワー
●ポン酢醤油（バルサミコ酢入り）

①〆サバは薄皮をむき、細かく切ります。
②器に薄切りのラディッシュをしき、玉ねぎで作った器をのせ、その中に①のサバを盛ります。せん切りのラディッシュを天に盛り、あさつき、エディブルフラワーをあしらいます。別器でポン酢醤油を添えます。

◉覚え書き
◆バルサミコ酢はぶどうの絞り汁から作る北イタリア、モデナ地方伝統の黒酢。木の樽でゆっくりと熟成させるので、まろやかな酸味と芳醇な香りがあります。ポン酢醤油に数滴加えると個性的な風味が生まれます。

サバの薄造り

【材料】
サバの上身…片身
貝割れ菜　はす芋　紅芽
あさつき　より人参　よりうど
にんにく
●ポン酢醤油（13頁参照）

①サバは薄皮をひいたものを用意し薄いそぎ造りにして、切ったそばから放射状に盛ってゆきます。
②器の中央に、貝割れ菜や紅芽、けん類をおき、よりうど、より人参、薄切りのにんにくをあしらいます。

◉覚え書き
◆生食用のサバが入手できない場合、〆サバで同様に作れます。
◆身が柔らかいサバを薄造りにするには、身が割れないよう丁寧に三枚におろすことです。

サバの焼き霜造り

【材料】
〆サバ…70g
貝割れ菜　すだち　花丸きゅうり　おろしわさび

①サバは皮目を焼いて焼き霜にし、1人当て5切れの引き造りにします。器に盛り、花丸きゅうり、すだち、おろしわさびを添えます。

◉覚え書き
◆サバは塩をしただけのものでもよく、青臭みなく仕上がります。

鰯

イワシの刺身では鮮度のよさがまず大切で、素早く身を傷めないように水洗いすることもポイント。少量を品よく盛ると、洒落た雰囲気に仕上がります。

イワシの筋目造り

【材料】
イワシ…一尾
れんこん（酢バス）　うど　岩海苔　あさつき　柚子

①イワシは三枚におろして腹骨をすき取り、小骨を抜いて皮をひきます。立て塩（塩分濃度3％の塩水）に15分ほどつけてから、昆布で挟んで一昼夜おきます。
②①のイワシの背側に包丁で縦の切り目を4、5本入れてから横半分に切ったら、背側に焼き目をつけます。
③器にイワシ→れんこん→イワシの順で重ねてゆき、イワシとれんこんを四層にします。短冊切りにして酢水に放ったうどとせん切りの柚子を天に盛り、手前に岩海苔を添え、あさつきをあしらいます。

●覚え書き
◆酢バスの作り方／れんこんは皮をむき、米のとぎ汁か少量の酢を加えた湯で茹で、水にさらします。一度甘酢で洗ってから、輪切りの赤唐辛子と一緒に甘酢に漬け込みます。

イワシのそぎ造り梅肉醤油ソース

【材料】
イワシ…片身
きゅうり　かぶ　芽セロリ
梅肉醤油

①イワシは三枚におろして腹骨をすき取り、小骨を抜き、薄皮をひきます。
②皿の中央に乱切りにしてさっと塩茹でしたかぶ、乱切りのきゅうりをおきます。
③①のイワシをやや薄目のそぎ造りにして、放射状に盛ります。梅肉醤油をスプーンなどでイワシにまわしかけ、芽セロリをあしらいます。

◉覚え書き
◆イワシを洋風感覚の刺身に仕立てました。ソースはイワシと相性のよい梅肉ベース。梅干しを一晩水にさらして塩分を抜き、裏漉しして、煮きりみりんと酒、淡口醤油少々を混ぜたものです。

イワシの翁和え

【材料】
イワシ…一尾
塩昆布　白板昆布　花丸きゅうり

①イワシは三枚におろして腹骨をすき取り、小骨を抜いて薄皮をひきます。これを昆布〆にしてから糸造りにして、塩昆布と細切りにした白板昆布で和えます。

◉覚え書き
◆突き出しなどに喜ばれる一品です。塩昆布の塩気と旨味がちょうどよい塩梅となって、粋な味わいです。塩昆布は、家庭では用途が限られているようですが、白身の端身なども塩昆布で和えると酒客には頃合いの小鉢に仕上がります。

イワシの酢取り

【材料】
イワシおろし身…片尾
タイでんぶ（調味料／酒1/4カップ　みりん大さじ1　砂糖小さじ2　塩小さじ1　食紅少々）ふき　紅芽

①タイでんぶを作ります。タイの上身100gを茹でて水にさらし、布巾にとって、水気を絞り、当たり鉢で軽く当たったのち、酒、みりん、砂糖、塩、水で溶いた食紅とともに鍋で煎りあげます。
②ふきは塩で板ずりしてから茹で、冷水にさらしたら、皮をむいて食べよく斜め切りにしておきます。
③イワシのおろし身は皮をひき、皮側に鹿の子の包丁目を入れて、大きめのそぎ切りにします。
④③のイワシを①のでんぶで和えて器にこんもりと盛り、天に紅芽をのせ、②のふきをあしらいます。

イワシの木の子マリネ

【材料】
イワシおろし身…1尾分
しめじ　ジャンボピーマン（赤・黄）
●みぞれ酢

①イワシは薄皮をむき、飾り包丁を入れて食べよく切り、高温の油で外側だけに火が入るように揚げます。
②しめじは昆布だしで湯がいてから酢漬けにします。
③器にイワシを盛り、みぞれ酢をかけ、②のしめじとあられ切りのピーマンをあしらいます。

◉覚え書き
◆イワシの中が生に近い半生程度に揚げるのがポイントで、独特の旨味が感じられます。
◆みぞれ酢の作り方／だし1カップ、酢・みりん各大さじ2、淡口醤油大さじ1、塩小さじ1/4、砂糖小さじ2を煮立たせて冷まし、絞った大根おろしを加えます。

イワシの手開き

イワシは身が柔らかく、手開きでもおろせます。
三枚おろしの場合、大名おろしにしますが、
あまり身をいじらないように。

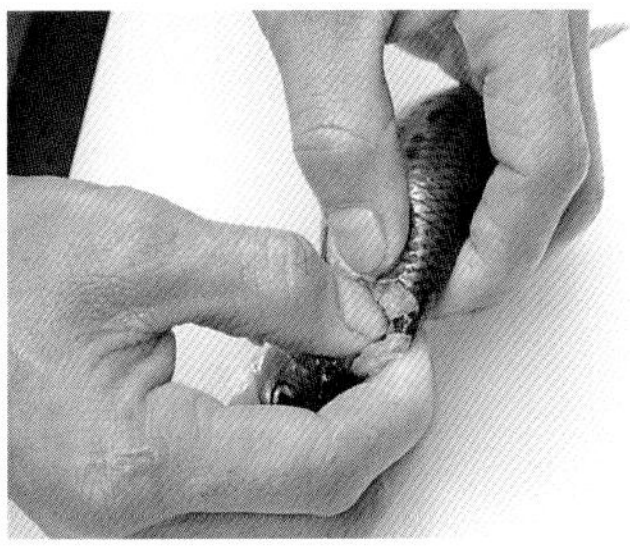

❶イワシはウロコを落としたら、エラぶたの下をつかみ、腹側に折って、骨を折る。

❷苦玉など一緒についてくるワタごと頭をはずす。

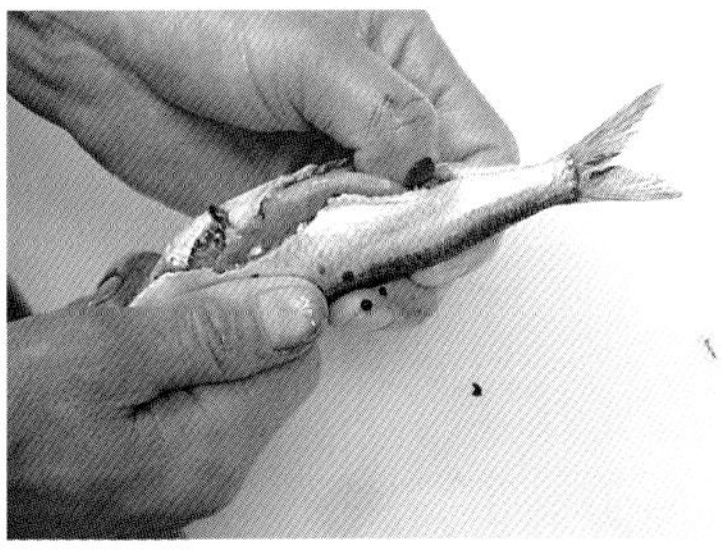

❸腹側に指を沿わせて肛門近くまで開いたら、ワタを取り除く。ここで水洗いしてもよい。

❹親指を下身側の中骨の下に入れて軽くしごき、下身の骨をはずす。

❺次いで同様にして上身の骨をはずし、中骨を浮かせて尾の部分で折る。洗って水気を拭き、背を除き、腹骨をすき取る。

❻切り整えて、頭の側から薄皮をひく。

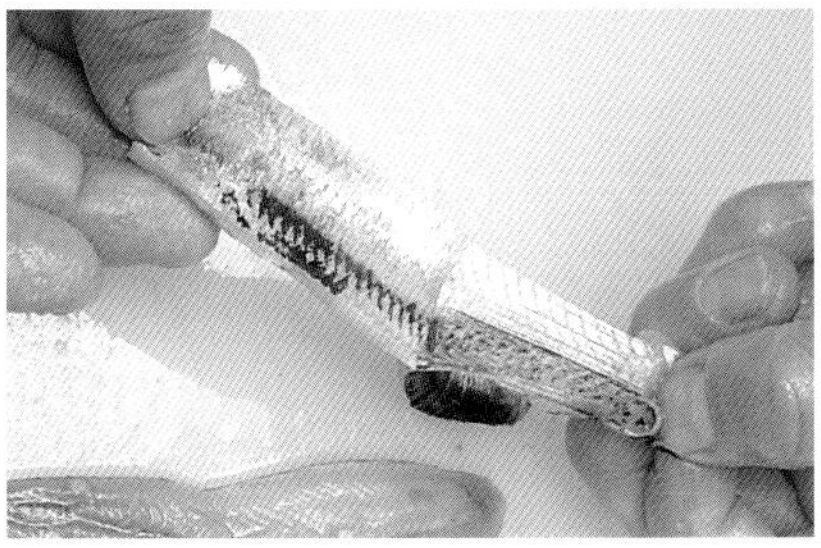

❼皮をほんのしばらく酢につけると、銀が美しく残る。

イワシの酢〆

酢〆にすると味がしまって
生とは違ったおいしさです。

❶まな板に塩をふり、イワシの皮を下におき、身にも塩をし、そのまま20〜30分ほどおく。

❷水洗いして塩を落としてから、生酢にしばらくつける。酢につける時間は好みでよいが、つけ過ぎると身がぱさぱさになるので注意。

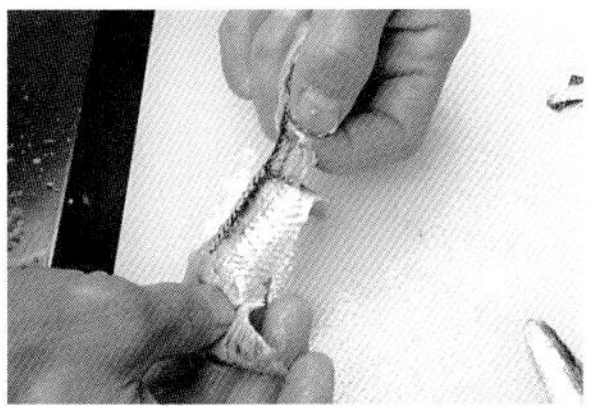

❸頭の方から薄皮をはぎ取る。

間八

アジ科の高級魚で、ブリやヒラマサの仲間。
引き造り、そぎ造りにすると
ぷりぷりとした歯応えが楽しめます。

カンパチの重ね造り

【材料】
カンパチの上身…100g
こごみ　きゅうりのけん　レモン　おろしわさび

①カンパチは背側に飾り包丁を入れ、1人当て5切れを引き造りにします。2切れをそぎ造りにしたら、表面に格子状の切り目を入れます。
②器の奥に引き造り3切れを盛ったら、間にレモンを挟んで、手前に引き造り2切れと、端を折り重ねたそぎ造り2切れを盛ります。きゅうりのけん、茹でて八方だしにつけたこごみ（18頁参照）、おろしわさびを添えて供します。

カンパチの薄造り

【材料】
カンパチの上身…120g
合い混ぜのけん　きゅうり　レモン　防風　昆布

①カンパチの上身は薄いそぎ切りにし、1枚切るそばから器に放射状に盛っていきます。器の中央に、斜め薄切りのきゅうり、薄切りのレモンを円形に並べ、合い混ぜのけんをこんもり盛ったら、昆布といかり防風をあしらいます。

◉覚え書き
◆つけ醤油にレモンを絞り入れ、爽やかな風味を楽しんで頂きます。

縞鯵

アジ科の高級刺身魚で、すし種でもお馴染み。
鹿の子包丁を入れ、醤油づきをよくします。
銀皮を美しく残した薄造りはご馳走感が増します。

シマアジのそぎ造り

【材料】
シマアジの上身…一尾
たらの芽　鍵わらび　白菜の中央部　花びら大根　紅葉おろし

①たらの芽は、塩と重曹を加えた熱湯で茹で、水にさらします。
②シマアジの上身は、皮面に6本ほど包丁目を入れて、大きめのそぎ造りにします。これで①のたらの芽を軽く巻きます。
③器に、白菜の中心部の柔らかい葉をしき、①の刺身を重ね盛りし、茹でた鍵わらびと花びら大根をあしらい、紅葉おろしを添えます。

◉覚え書き
◆鍵わらびは早蕨の先端部で春先によくあしらわれます。

シマアジの薄造り

【材料】
シマアジの上身…一尾
あさつき　白髪ねぎ　花穂じそ
●ポン酢醤油（13頁参照）

①シマアジの上身は薄造りにし、一切れ切ったそばから器に盛ります。少しずつ身が重なるようにして放射状に盛ったら、中央にあさつき、白髪ねぎ、花穂じそを盛ります。

◉覚え書き
◆シマアジの皮目の色合いの美しさもご馳走のひとつ。ここではけん類を控えめにして造り身の色つやを際立たせました。

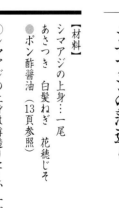

カンパチのおろし方

イナダ、シマアジ、カツオなど
大きめの魚のおろし方はほぼ共通しています。
ここでは、水洗いのすんだ
カンパチをおろしています。

❶カンパチは、エラを落とし、内臓を除いてある。残っているウロコをこそげる。

❷胸ビレの下に斜めに包丁を入れる。

❸反対側からも同様に包丁を入れ、頭を切り落とす。

❹腹側に包丁を入れて、尾まで身を切り開く。

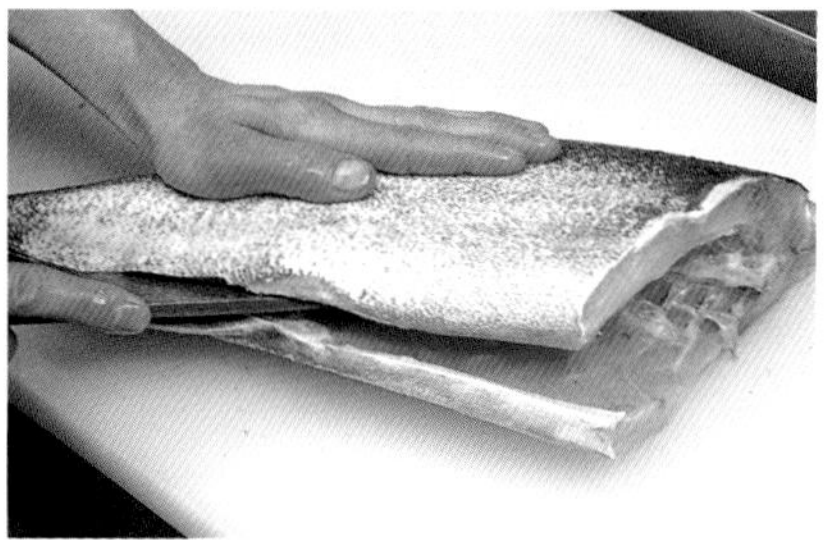

❺まず上身をおろす。背側を手前にし、頭口から尾にむけ、中骨に沿わせて包丁をすすめる。

❻腹側を手前におき、尾の方から頭にむけて、包丁の切っ先を中骨にあてて切り開く。

❼尾の切れ目から中骨の上に包丁を入れ、頭口に包丁をすすめ、2枚におろす。

❽下身をおろす。背側、尾の方から包丁を入れて、中骨に切っ先をあてて切りすすめる。

❾包丁の切っ先を腹まで到達させ、一気に身をおろしていく。

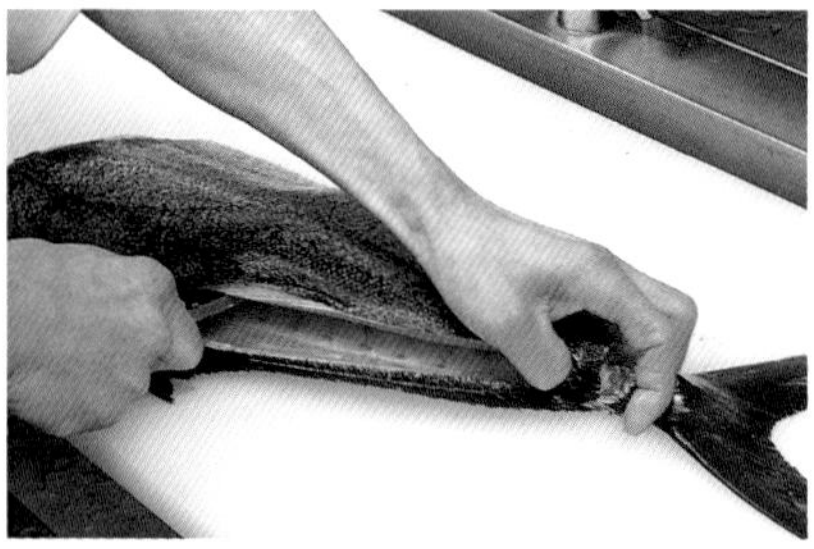

❿三枚におろした身。上身、下身とも真ん中で切り分け、4本に筋取りする。

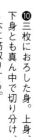

鰍

ブリは成長につれ名の変わる出世魚ですが、
イナダは体長30、40センチのものをいいます。
脂気はあるもののすっきりした味わいです。

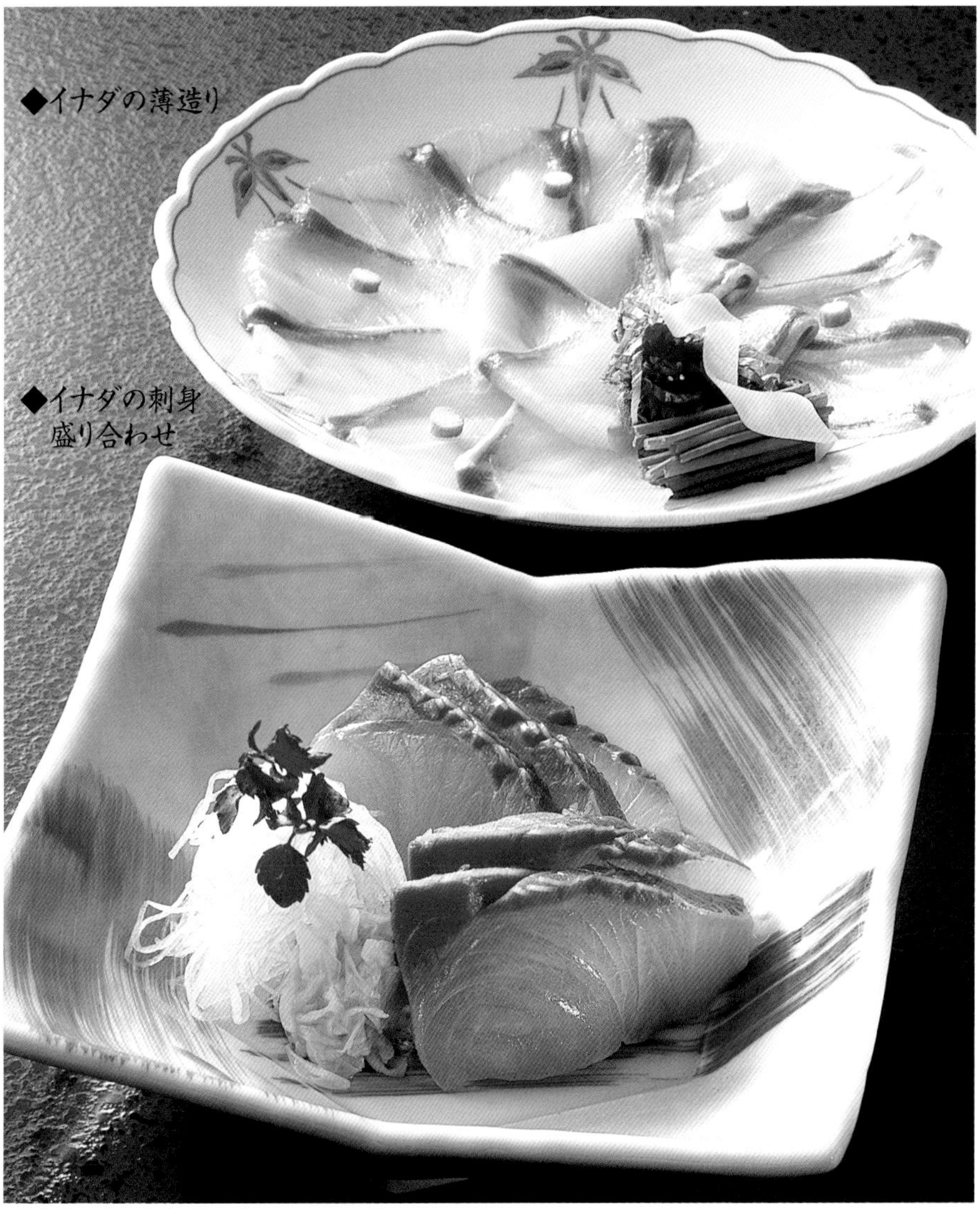

◆イナダの薄造り

◆イナダの刺身盛り合わせ

イナダの薄造り

【材料】
イナダの上身（腹側）…100g
大葉　赤芽じそ　あさつき　より人参
花丸きゅうり

①イナダは、薄いそぎ造りにし、1枚ずつそいでは器に盛っていきます。身がほんの少しずつ重なるように、放射状に盛っていき、手前右寄りは、つまをおくスペースとしてあけておきます。薄造りを重ねて盛りますが、端の部分を少し折るようにして、盛ります。
②けんとつま類を添え、花丸きゅうりの小口切りを適宜あしらいます。

●覚え書き
◆イナダとはいえ、腹身のところは脂がかなりのっていますから、薄造りにするとほどよい食べ味となります。

イナダの刺身盛り合わせ

【材料】
イナダの上身（背身）…100g
大根のけん　食用菊（黄菊）　大葉
赤芽じそ

①イナダの背身は皮側に包丁目を入れて引き造りにします。
②器の奥に背身の引き造り3切れを盛り、大根のけんをおいて、手前に2切れを盛ります。茹でて水にさらした黄菊を添え、赤芽じそをあしらいます。

鰹

春から青葉の頃にかけての初ガツオは淡泊な旨さがあり、晩秋の戻りガツオは脂がのって重厚な味わいとなります。ここでは焼き霜造りを色々に仕立ててみました。

カツオのたたき

【材料】
カツオのおろし身…一節
けん（南瓜　みょうが　大葉　ねぎ　大根　人参　うど）
食用菊（黄・紫）　セルフィーユ

①節におろしたカツオに塩をして30分くらいおきます。出てきた水気を拭き、次いで金串を打ちます。皮側を下にして置き、皮側に近い方に5本の串を末広になるよう打ちます。まず皮目を強火で香ばしく焼き、二分（にぶ）くらい火を通したら、身の方をさっとあぶって、全体が白くなるようにします。
②すぐさま氷水に取り、熱いうちに素早く金串を回し抜き、冷めたら水気を拭きます。平造りにし、大鉢に切り口を見せて盛り、けんやつま、薬味類をあしらいます。

◉覚え書き
◆カツオを焼き霜にするのは、かたい皮を柔らかく、食べよくするためと香ばしさをプラスためです。皮目は強火でしっかりと焼き、二分（にぶ）ほど火を通すようにします。

カツオの焼き霜　酒盗かけ

【材料】
カツオのおろし身…50g
酒盗　このわた

①カツオは、皮に少し身がつくくらいで皮をすきます。皮に近い方に金串を打ち、皮目をさっと焼き、氷水にとって冷やし、1.5㎝幅くらいに切り分け、器に盛ります。
②カツオの酒盗にこのわた、または煮切り酒とみりんを少し混ぜ、①にかけて供します。

カツオのたたき　サラダ仕立て

【材料】
カツオのたたき…適宜
玉ねぎ　はす芋　きゅうり　ジャンボピーマン（赤・黄）　茎わさび　長芋　トマト　海藻　りんご　キーウィ　メロン　いちご　パイナップル　パパイア　赤唐辛子（生）　刺身こんにゃく　白髪ねぎ　チャービル
●ピーナッツドレッシング

①玉ねぎは食感を持たせるように細切りにします。ほかの野菜や果物類は食べよく小さめに切っておきます。
②カツオのたたきを1.5cm角位に切り、他の材料とさっと和えて器に盛り、天に白髪ねぎとチャービルをあしらいます。ピーナッツドレッシングを別添えにして供します。

◉覚え書き
◆玉ねぎは淡路島産のもので、甘みが強いのでやや大きめに切って、アクセントとしました。玉ねぎの甘みや辛さで切り方を工夫して下さい。
◆手持ちの野菜や果物、海藻類を上手に取り合わせて下さい。
◆ピーナッツドレッシングは、りんご酢1、酢1、オリーブオイル1、ペースト状のピーナッツ0.5の割合で混ぜ、塩、胡椒で味を調えたものです。

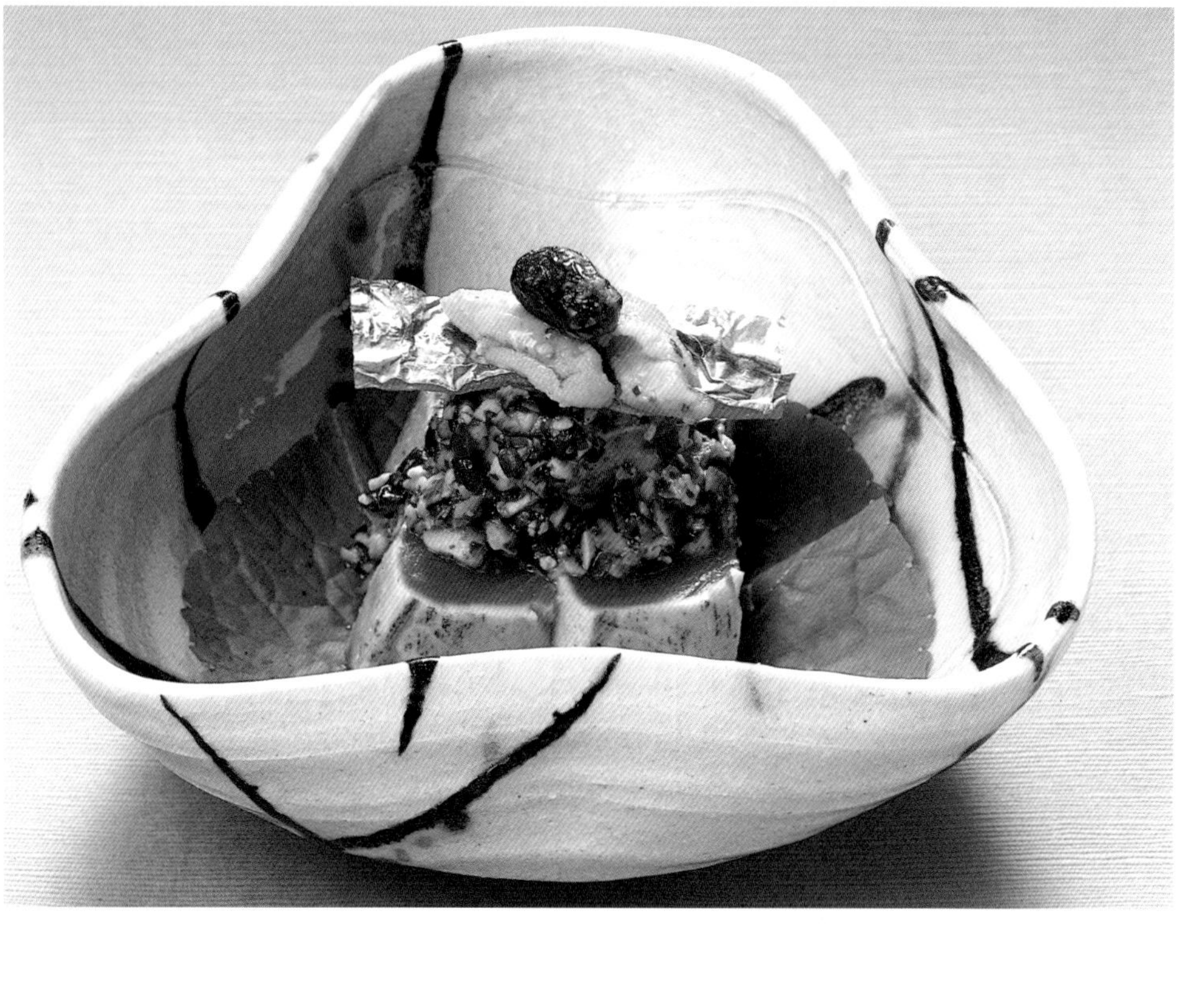

カツオの丹波和え

【材料】
カツオのたたき…70g
黒豆納豆　納豆　生ウニ　金箔

①カツオのたたきを2cm角くらいに切って、1人当て4切れを器に盛ります。
②黒豆納豆と納豆を一緒に叩いたものを上に盛り、金箔をのせて生ウニをおき、天に黒豆納豆をあしらいます。

カツオのたたきの作り方

皮は芳ばしく焼きますが、
身に火が入りすぎないよう注意します。
血合いにも旨味がありますから
たたきの場合残すとよいでしょう。

❶カツオは3枚におろしたら、腹骨をすき取り、片身を中骨の上で切り分ける。

❷刺身用には血合いの部分を大きめに取り除くが、たたきの場合、とくに除かなくてもいい。

❸抜き板に塩をふり、カツオをのせ、たっぷりめのふり塩をし、30分ほどおく。

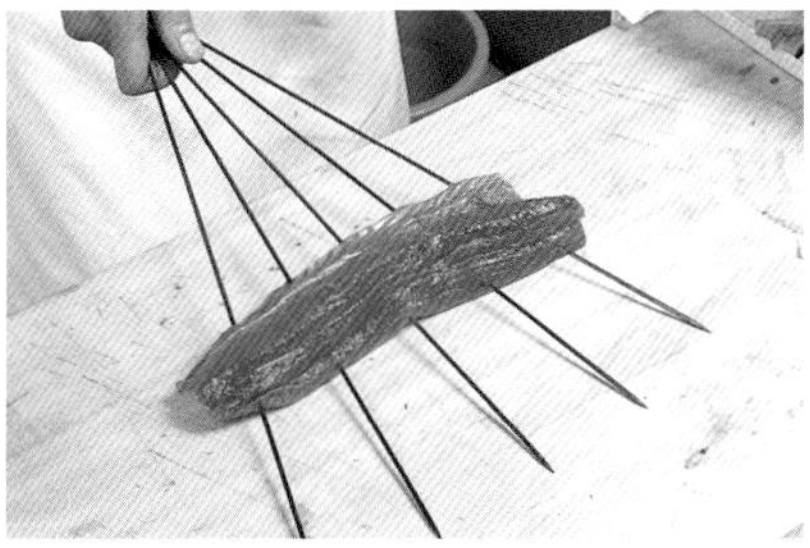

❹金串を末広に打つ。身が柔らかく、身割れしやすいので、皮近くに打つこと。

❺皮側を強火で芳ばしく焼く。二分（にぶ）ほど火を入れたら、身側もさっと焼く。

❻氷水に取り、すぐさま串を回し抜く。冷めてからでは串が抜きにくい。

❼食べよい大きさに節取りしてから切りつけていく。

家庭ではフライパンが手軽!

直火で焼かなくても充分美味。
フライパンだと後始末も楽です。

❶テフロン加工のフライパンを火にかけ、充分熱したところで皮目から焼く。鉄の場合、油を薄くひくとよい。

❷二分通り火を入れたら、身側を白くなるまで焼く。

❸氷水にとって冷まし、水気を拭いてから切りつける。

鮪

赤身の魚の代表格で、とくに関東好みの刺身魚です。引き造り、角造りが主で、湯引くと歯触りがよくなります。磯辺巻きや山かけはマグロの持ち味を引き立てる定番の品。

「マグロの角造り 磯の雪、磯辺巻き

【材料】
マグロ（赤身）…100g
白板昆布 焼き海苔 黒皮南瓜のけん おくら よりうど より人参 大葉

①マグロの赤身は3cm×2cm位の棒状に切ります。これを2本作り、1本は焼き海苔で巻いて磯辺巻きとし、もう1本を白板昆布で巻いて磯の雪とします。これを1.5cm位の厚みに切り分けます。

②器に、磯の雪と磯辺巻きを盛り、南瓜のけん、塩磨きして茹でたおくら、よりうど、より人参をバランスよく添えます。

◉覚え書き

◆長手皿に盛るときは、左側から盛りつけていきます。体とするものをまず左に盛り、その手前に添えを盛り、右側にも別な形、色のものを体と同じくらいのバランスで盛ります。

マグロの引き造りとへぎ造りの盛り合わせ

【材料】
マグロ（赤身）…70g
しゃり　紫菊　黄菊　大葉　おろしわさび

①しゃり（すし飯）を用意します。ご飯を炊き、飯台にあけ、すし酢を回しかけ、団扇であおぎながら、しゃもじで切るように混ぜ、すし酢を吸わせます。ほどよく冷めたら、横長い棒状に整えて、端から切ります。
②マグロは1人当て、引き造り3切れ、そぎ造り2切れを用意します。
③器の奥に、①のしゃりを5切れ盛り、大葉をたてかけて、マグロの造りを盛ります。天に黄菊の花びらをあしらい、茹でた紫菊を三角錐になるよう整えておき、おろしわさびを添えます。

◉覚え書き
◆しゃりをつまとして添える目先の変わった刺身。江戸前ずしのようにしゃりを握るには、慣れが必要ですが、棒状にまとめて切り分けると形よくまとまります。しゃりとマグロの刺身を大葉で巻いて食べると風味がよく、食がすすみます。

マグロの山かけ

【材料】
マグロ（赤身）…50g
山芋　針海苔　おろしわさび
●割り醤油

①マグロは食べよくぶつ切りにし、器につんもりと盛ります。
②おろした山芋をかけ、天におろしわさびをのせ、針海苔をあしらいます。割り醤油を器の下側に注いでから供します。

マグロ　赤身の湯霜造り

【材料】
マグロ（赤身）…70g
みょうがのけん　青芽　花穂じそ　長芋　おろしわさび

①マグロの赤身は、湯引いたのち、1人当て3切れを引き造りにし、2切れを角造りにします。
②器の奥に引き造り3切れを少しずつずらして盛り、手前中央に角造り2切れを盛ります。みょうがのけん、おろしわさび、焼き目をつけた長芋を添え、花穂じその花と青芽をあしらいます。

「マグロの角造り湯引き、黒豆納豆

【材料】
マグロ（赤身）…70g
黒豆納豆　醤油　卵黄　青ねぎ
黄菊　おろしわさび

①マグロは2㎝角に冊取りしたものを用意し、角造りにし、さっと湯に通して素早く冷水に取り、水気を拭いてから器にこんもりと盛ります。
②醤油に卵黄少々とわさびを混ぜておき、黒豆納豆を粗くたたいたところに加えて調味し、小口切りの青ねぎを混ぜます。
③②の黒豆納豆を①のマグロにかけて、黄菊の花びらをあしらいます。

◉覚え書き
◆黒豆納豆は、丹波篠山の特産品として人気の品です。もちろん普通の納豆でも同様に調理できます。
◆刺身と納豆は思いのほか、相性がよく、カツオやイワシ、アジなどのほか、タイなどの白身の刺身にもよく合います。

「マグロの角造り　黄身おろし、おくらとろろがけ

【材料】
マグロ（赤身）…70g
黄身おろし　おくらとろろ
●加減醤油（たまり醤油3　濃口醤油3　みりん1　酒1　だし昆布適宜　カツオ節適宜）

①マグロは角造りにし、その上に黄身おろしとおくらとろろをかけて、加減醤油を器に注ぎ入れて供します。

◉覚え書き
◆加減醤油の作り方／カツオ節以外の材料を鍋に入れて火にかけ、沸く前に昆布を取り出して火を止め、カツオ節を入れます。そのまま冷まして漉してから使います。

鱧

京阪では夏の訪れを告げる魚として親しまれています。皮一枚を残し、細かく包丁目を入れる骨切りが腕の見せどころ。湯引き、焼き霜で火を入れ、切り目を開かせます。

◆ハモの焼き霜

◆ハモの落とし（ハモの湯引き）

焼き霜造りと落としと、二種の造りでハモの持ち味を楽しんで頂きます。梅肉醤油は、造り醤油にだしを加えて少し薄めにしたものに梅肉を溶き混ぜています。

ハモの焼き霜

【材料】
ハモのおろし身…70g
松葉きゅうり
●酢味噌　梅肉醤油

①ハモのおろし身は、皮1枚を残す感じで包丁を垂直に入れて骨切りし、3cm幅くらいのところで切り離します。同様にして切りすすめ一人当て4切れくらいを用意します。
②バーナーで身の表面をあぶり、表面に軽く焼き目をつけます。
③器に砕いた氷をしいてくずの葉をおき、ハモを盛ります。松葉きゅうりをあしらい、酢味噌、梅肉醤油ですすめます。

ハモの落とし（ハモの湯引き）

【材料】
ハモのおろし身…70g
チコリ　おかひじき　みょうがのけん
●酢味噌　梅肉醤油

①ハモのおろし身は、皮1枚を残す感じで包丁を垂直に入れて骨切りし、3cm幅くらいのところで切り離します。同様にして切りすすめ一人当て4切れくらいを用意します。
②湯を沸かし、塩を入れたら、①のハモの皮目だけをさっと湯にくぐらせ、身が白っぽくはぜたら、酒を加えた冷水に素早くとり、冷めたらすぐに取り出して水気を絞ります。
③器に氷をしいてチコリをおき、ハモを盛ります。おかひじきとみょうがのけんを添え、酢味噌、梅肉醤油ですすめます。

●覚え書き
◆ハモのお造りを代表する一品。ハモは梅雨の水を飲んでおいしさが増すといわれ、関西では初夏の味覚として喜ばれます。ハモは晩秋まで市場に出回っていますが、刺身には夏くらいまでの柔らかいものが適しています。

ハモの湯引き

ハモの身には無数の小骨があるので
骨切りと湯引きを行ない、食べやすくします。

❶ハモは目打ちで固定し、腹開きにする。内臓を除き、流水で丁寧に洗い、中骨を除き、腹骨をすき取る。

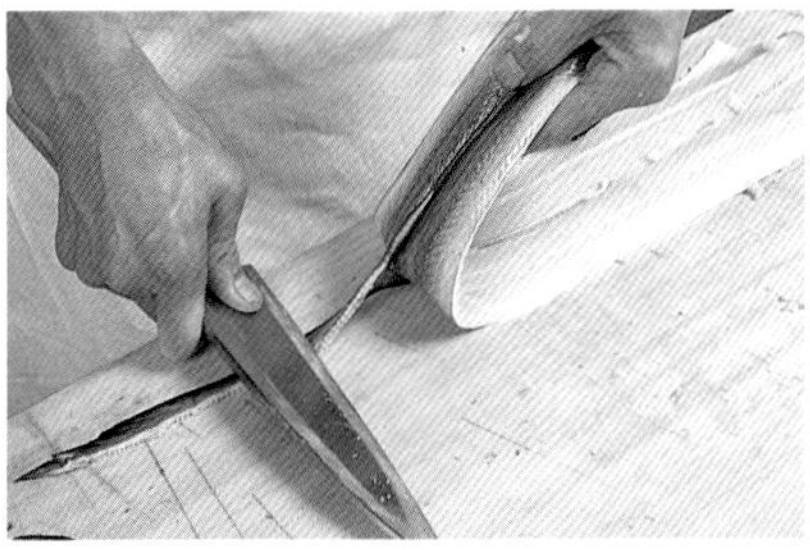

❷背ビレをはずす。尾の方に切り目を入れ、これをきっかけに包丁で背ビレを押さえながら、身をひっぱっていく。

❸小口から垂直に包丁を入れる。専用のハモ切り包丁は片刃なので、少し傾けて入れる。一寸に22～24の切り目を入れるのが理想といわれる。

❹2～4センチ切りすすんだところで、切り離す。家庭の場合、洋包丁でも構わないが、手入れの行き届いたものを。

❼ザルなどに皮目を下にして入れ、湯に通す。身がきれいに開き、白っぽくなったら、すぐに取り上げる。

❻ザルのまますぐに氷水に取り、冷めたらすぐに引き上げて水気をよく拭く。さらしすぎると旨味が逃げ、水っぽくなるので注意。

穴子

アナゴの造りは焼き霜などにすることが多いのですが、兵庫県明石の活けアナゴは火を通さずに食べてもらえます。あっさりとクセのない味ですが、甘みがあります。

アナゴ　焼き霜造りと湯霜造り

【材料】
アナゴ（活けものの開いたもの）…1尾
室きゅうり　大根　京人参　そら豆　あさつき　みょうがのけん
●辛子酢味噌　梅肉醤油

①まず焼き霜造りを作ります。アナゴは活けの開いたものを用意し、金串5本を等間隔で打って、皮目を焼き、素早く冷水にとって冷まし、水気を拭きます。これを5枚落としにします。
②湯霜造りを作ります。開いたアナゴをそぎ切りにして、熱湯に通して、冷水にとり、水気を拭きます。
③器に氷をしいて、網笊を重ね、紅葉の葉をおきます。奥に焼き霜造りを重ねて盛り、手前に湯霜造りを重ねおきます。みょうがのけん、室きゅうりと京人参、大根の砧巻きを添え、そら豆、あさつきをあしらい、紅葉を散らします。辛子酢味噌と梅肉醤油を添えます。

◉覚え書き
◆アナゴは、関東では背開きが一般的ですが、関西では腹開きにします。おろし方は、目打ちで固定して、腹開きにし、中骨をはずし、腹骨をすき取ります。皮目のぬめりは熱湯を皮の方だけにかけ、冷水にて冷まします。
◆辛子酢味噌の作り方／白味噌200g、卵黄4個、砂糖大さじ2、酒大さじ4、みりん大さじ4を弱火で約10分練り、米酢60cc、練り辛子大さじ2～3を混ぜて作ります。

アナゴの薄造り

【材料】
アナゴ（活けものの開いたもの）…1尾
けん（大根　きゅうり　ラディッシュ）
はす芋　おろし生姜すだち釜入り

①アナゴは活けの開いたものを用意し、皮を引き、氷水で洗って水気を拭きます。これを薄造りにし、1枚そぐごとに器に盛っていきます。

②器の手前に、茹でて八方だしにつけたはす芋、けんを添え、すだち釜に生姜を入れて供します。

◉覚え書き

◆この造りには生姜醤油がよく合います。

◆はす芋の処理は次の通り。皮をむいて縦に切り、立て塩につけて柔らかくし、大根おろしと鷹の爪を加えた湯で茹でて色出しし、八方だしにつけておきます。水気を絞って添えます。

アナゴの細造り 辛子酢味噌添え

【材料】
アナゴ（活けものの開いたもの）…1/2尾
けん（大根　大葉）　花穂じそ
●辛子酢味噌（62頁参照）

①アナゴは活けの開いたものを用意します。皮を引き、氷水にて洗いにし、水気を拭き取り、細造りにします。

②器にアナゴの細造りをつんもりと盛り、天に大根と大葉のけんを混ぜたものをのせ、花穂じその花をあしらいます。辛子酢味噌ですすめます。

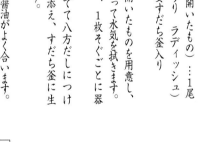

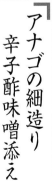

のれそれ

アナゴの稚魚で、瀬戸内海の特産。
関西ではベラタと呼びます。
透明感を活かすよう冷水でさっと洗います。

ノレソレの刺身　三種

【材料】
ノレソレ…210g
雪の下　とさかのり（赤・青）　紅芽
紅葉おろし　青ねぎ
●加減酢　ごま風味ドレッシング

①ノレソレは冷水でさっと洗います。
②写真左奥はとさかのりの上にノレソレを盛り、紅芽をあしらったもの。ごま風味ドレッシングを添えます。
③写真右奥は、ガラスの小吸い物碗に雪の下とともに盛ったもの。
④手前は青竹に通して筏（いかだ）造りにしたもの。薬味と加減酢ですすめます。

◉覚え書き
◆ノレソレは手を加えないようにしないと、白っぽくなって透明感がなくなります。供する直前に冷水でさっと洗います。
◆ノレソレにポン酢醤油を添えたのでは味がきついので、ポン酢醤油の3倍量のだしで割った加減酢ですすめます。
◆ごま風味ドレッシングは、加減酢にねりごまを香り程度加えてよく混ぜ、ひねりごまを浮かせたものです。

素魚

体長4、5センチほどの透明な魚で
水がぬるむ頃に海から川へとのぼってきます。
福岡の室見川産が有名で、おどりが名物。

シロウオの刺身　三種

【材料】
シロウオの昆布〆／シロウオ…30g
白板昆布　みょうが　たでの葉
花穂じそ　結び昆布　はす芋
シロウオの梅酢和え／シロウオ…30g
わらび　梅肉　みりん　酒　淡口醤油
シロウオのおどり／シロウオ…30g
二杯酢　卵黄

①シロウオの昆布〆を作ります。シロウオは玉酒でさっと洗い、水分を拭いて、白板昆布に2時間ほど挟みます。茹でて八方だしにつけたはす芋を枕におき、昆布をしいてシロウオを盛り、みょうが、花穂じそ、たで、結び昆布を添えます。
②シロウオの梅酢和えを作ります。シロウオは玉酒でさっと洗い、水分を拭き取り、梅肉にみりんと酒、淡口醤油を混ぜたものをまぶし、向きを揃えて器に盛ります。アク抜きして八方だしにつけたわらびをあしらいます。
③シロウオのおどりは、器に卵黄、二杯酢を入れ、シロウオを泳がせて供します。

◉覚え書き
◆シラウオ科の白魚（シラウオ）とよく似ていますが、素魚（シロウオ）はハゼ科で別種です。

烏賊

近海ものの種類も多く、年間を通して旬のイカが入手できます。切りつけ方だけでなく、細工造りも色々に楽しめるのが魅力。身の厚さやかたさを種類ごとにみて切りつけていきます。

『イカそうめん

【材料】
スルメイカ…一尾
青ねぎ　おろし生姜　ウニ　卵黄　とんぶり
●イカそうめんつゆ

①イカはさく取りし、糸造りにします。切り終えたら、青竹を長さの半分のところに差し入れて持ち上げ、器に盛ります。

②青竹の器の底にはイカそうめんつゆを注ぎます。小猪口に入っているのは、イカのワタにきつめに塩をして一昼夜おき、ウニと卵黄で練り、とんぶりを添えたものです。

◉覚え書き
◆イカそうめんつゆは、造り醤油と煮きり酒、だしを同割りにしたもの。おろし生姜とねぎですすめます。

スミイカのそぎ造り　椿仕立て

【材料】
スミイカのおろし身…50g
タピオカ　紅芽　おろしわさび

①スミイカは薄皮まで丁寧にむき取り、3cm幅くらいの帯状に筋取りし、やや長めのそぎ造りを5切れ作ります。
②そぎ身を1/4くらいずつが重なるようにして縦長においたら、箸を使って巻いていきます。立てて椿の花のように整え、花芯としてタピオカをおきます。

◉覚え書き
◆椿仕立ては、10ページの「花仕立て」を参照して作って下さい。
◆タピオカは一晩水についておいたものを紅花のつけ汁を薄めて色をつけたものです。

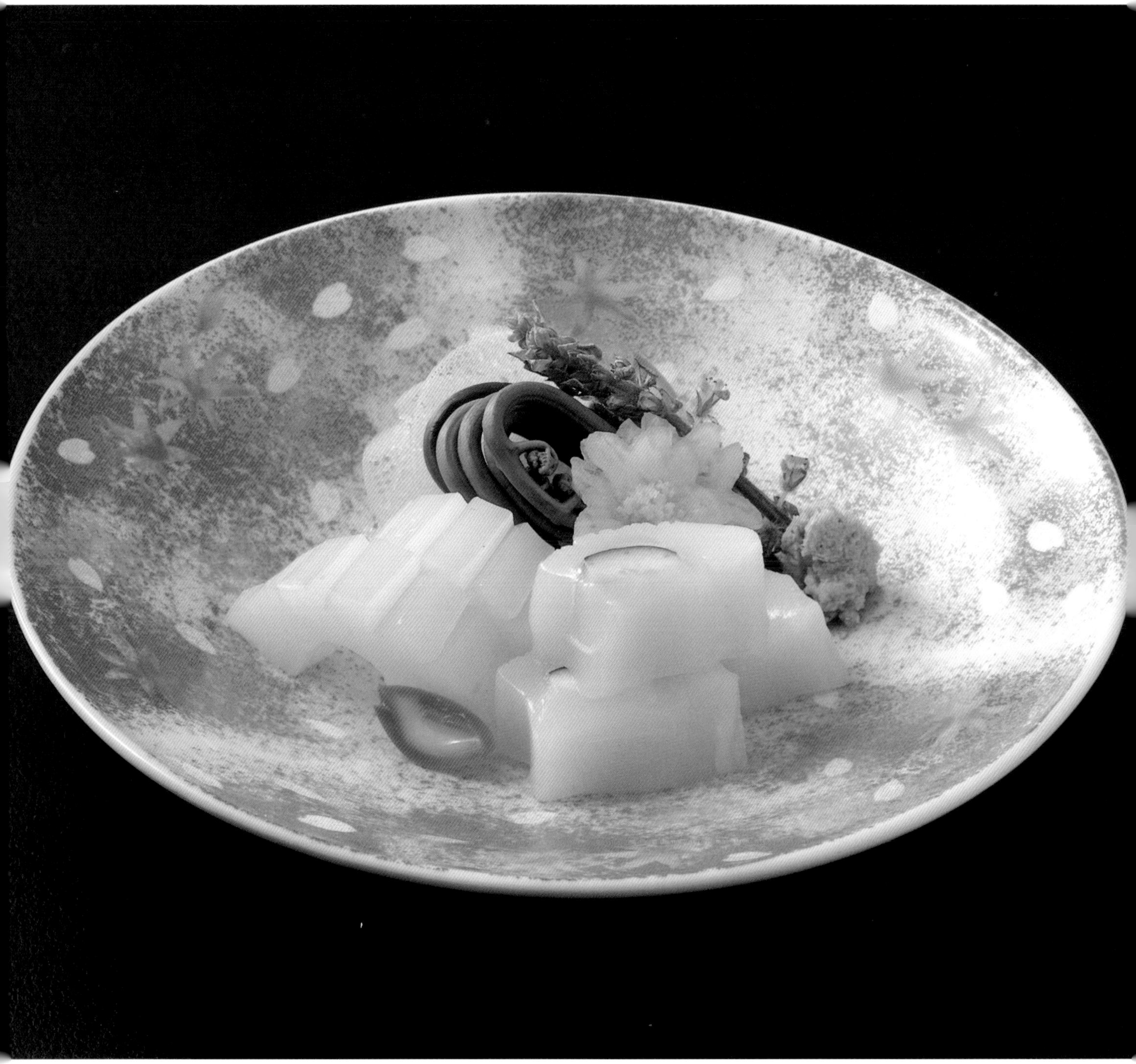

スミイカの造り 二種盛り

【材料】

スミイカ…1/4ぱい
室きゅうり　鍵わらび　はす芋　花穂じそ
大根の桜の花　百合根の花びら　おろしわさび

①イカのきゅうり射込みを作ります。冊取りしたスミイカは身の表面に、浅い縦の包丁目を入れ、身の厚みの半分のところに包丁を刺し入れて、きゅうりを射込めるよう包丁で切り目を入れます。そこに室きゅうりを射込んでから、1.5㎝幅くらいに切り分けます。

②イカの切り掛け造り（源氏車造り）を作ります。冊取りしたスミイカの厚みの1/3くらいの深さの切り込みを5本入れ、1.5㎝くらいの幅に切ります。

③器の奥にはす芋の薄切りをおき、イカのきゅうり射込みと切り掛け造りを盛り合わせ、茹でてアク抜きした鍵わらび、花穂じそ、桜大根、おろしわさびを添えます。

◉覚え書き

◆イカのきゅうり射込みは、10ページの手順を参照して下さい。

イカのおろし方

**イカは、固い甲を持つコウイカ類と
スルメイカなど細い軟骨のあるツツイカ類で
おろし方が違います。**

◆コウイカのおろし方

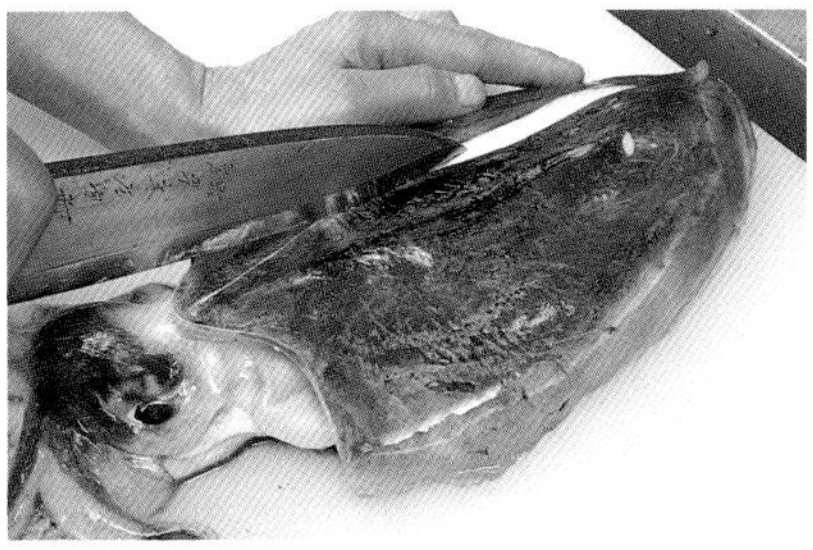

❶胴の部分、縦中央に切り込みを入れる。

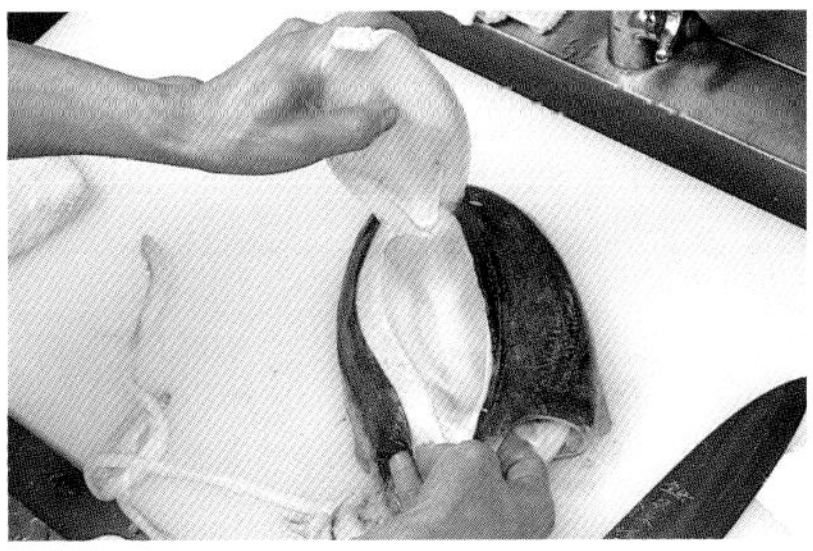

❷切り目を開き、コウのつけ根に指を入れて取り出す。

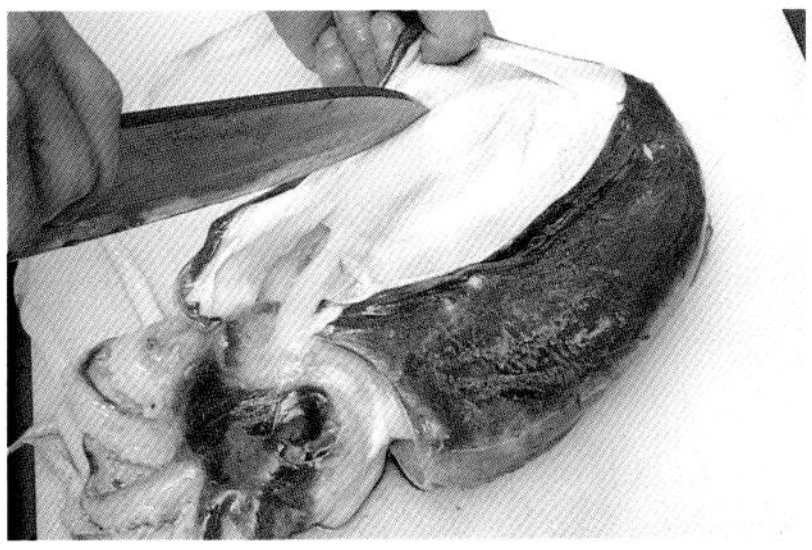

❸コウのまわりの薄い筋を切り離す。

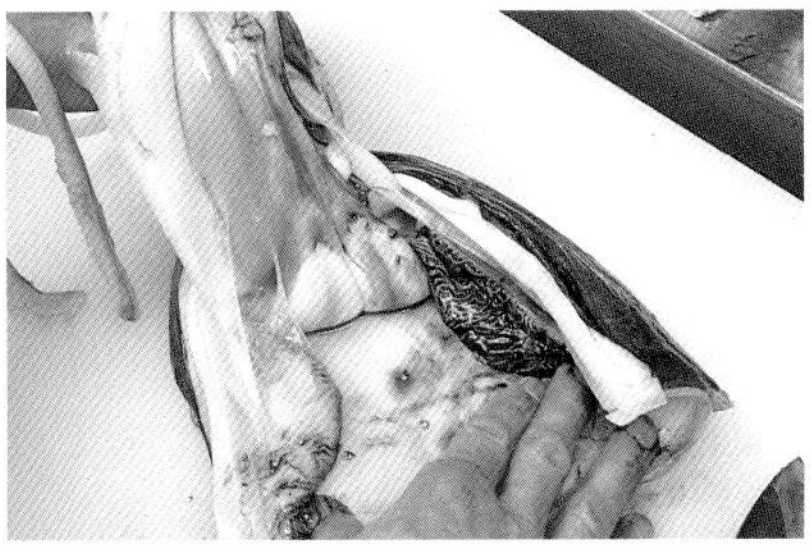

❹足を引っ張って、ワタごとを取り出す。

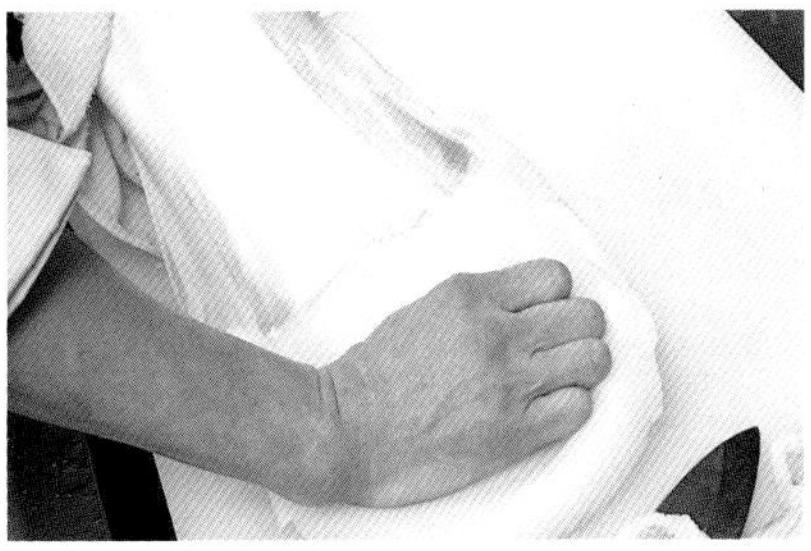

❺水洗いしてスミなどをきれいに洗い流したら、ミミごと一気に皮をむく。

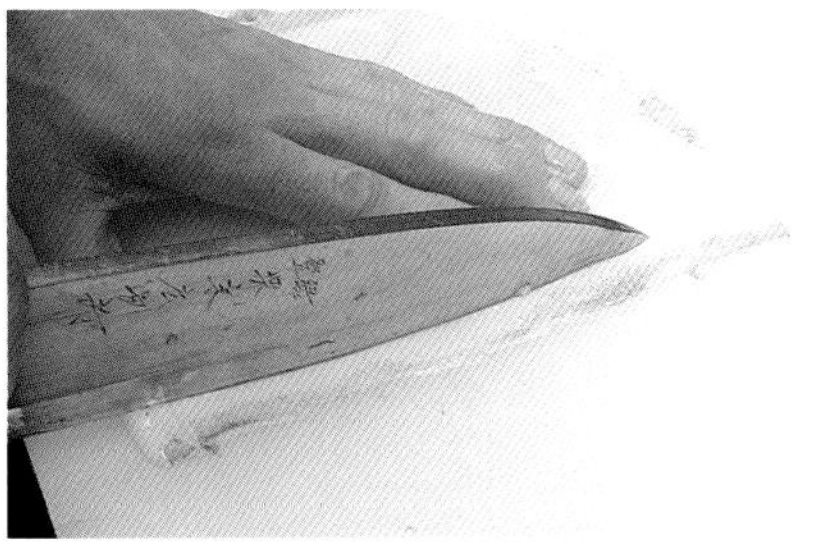

❻左右の固い部分を落とし、胴の端に切り目を入れる。

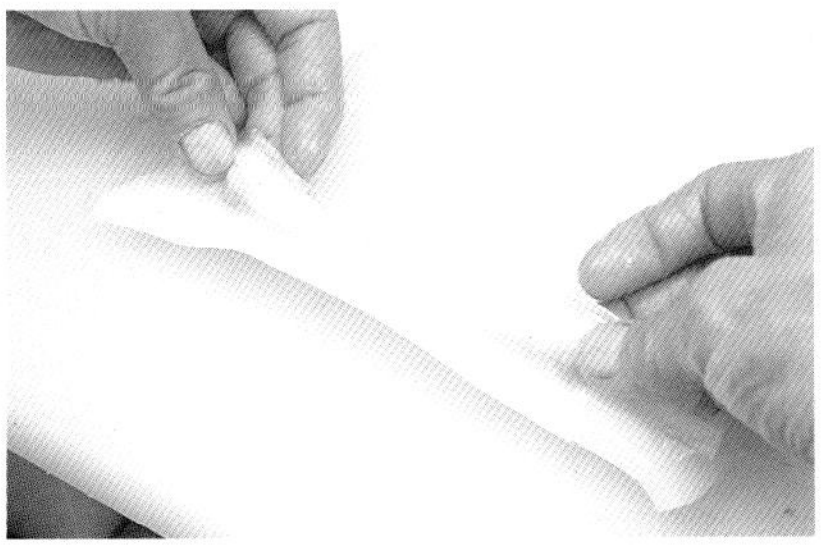

❼切り目から薄皮をむいていく。この後むきにくい薄皮を布巾で丁寧にむき取る。

◆スルメイカのおろし方

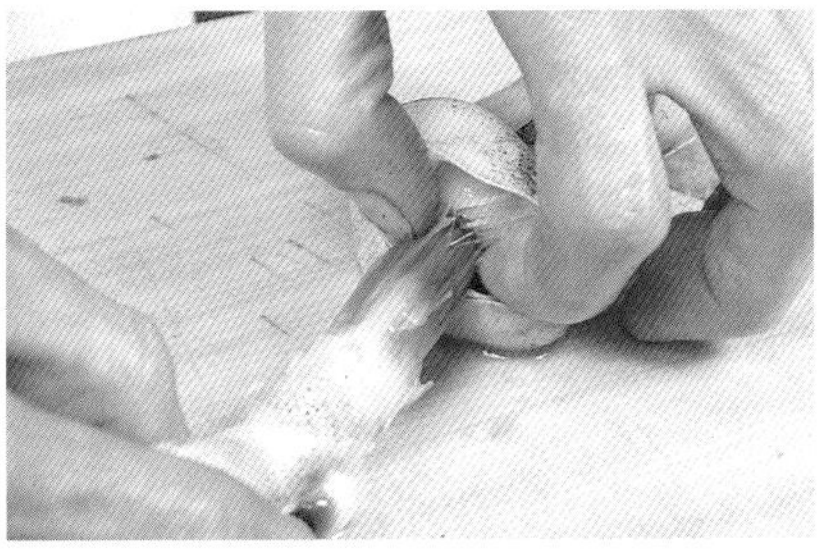

❶胴のつけ根を押さえ、ワタごと足を一気に引き抜く。

❷ミミを落とし、逆さ包丁で胴を開く。

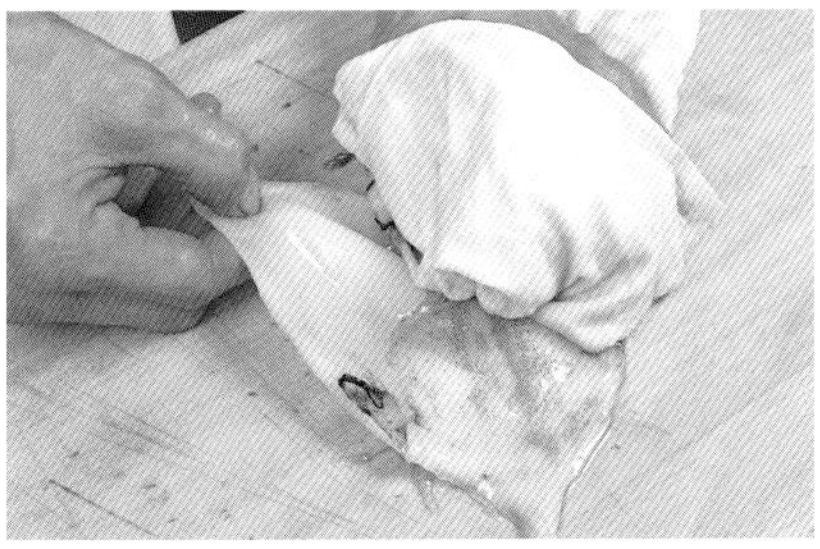

❸皮と薄皮を丁寧にむく。すべりやすいので布巾などを使うとよい。

蛸

マダコ、イイダコともに湯引いたり、
活けの鮮度のよいものは生で造っても美味。
始めにしっかり塩もみすることが大切。

タコの薄造り

【材料】
マダコ（活け）の足…120g
大葉　レモン
●梅肉醤油（12頁参照）

①マダコの足は、塩でもんでぬめりをしごいて、よく水洗いします。吸盤の中は汚れが多いのでとくによく洗うこと。包丁を吸盤の下に入れ、しっかりと押さえながら、はぐようにして吸盤ごと皮をむきます。タコの吸盤はさっとゆがきます。
②タコを薄造りにして器に盛り、大葉の上に吸盤をのせ、レモンを添えます。

イイダコの造り二種

【材料】
イイダコ（活け）…2はい　水前寺海苔　京人参　よもぎ麩　松葉きゅうり　梅肉　大葉　おろしわさび

①イイダコおどり造りを作ります（写真奥）。活けのイイダコ1ぱいをもみ洗いし、足をぶつ切りにし、頭の飯（卵）を取り出します。器に盛り、京人参と水前寺海苔をあしらいます。ポン酢醤油3をだし1でのばした加減酢醤油でおどり喰いとします。
②イイダコ藤花造りを作ります（写真手前）。活けのイイダコ1ぱいはもみ洗いしますが、吸盤の中をよく洗います。熱湯で霜降りにし、ぬめりを布巾で拭き取り、足を1本ずつ切り離します。藤の花に見立てて添えます。胴の中の飯（卵）を取り出して玉酒で静かに茹で、藤の花に見立てて添えます。よもぎ麩と松葉きゅうりをあしらい、梅肉を天に落とし、わさびを添えます。造り醤油とだしを2対1で割って添えます。

海老

活けの車エビは甘みが強く、
ぷりぷりと食感もよく、贅沢な味わい。
本来の旬は秋ですが養殖ものが通年流通。

車エビの造り

【材料】
車エビ（活け）…3尾（中）
おくら　アルファルファ　黄菊　梅肉

①車エビは頭をはずし、尾の一節を残して殻をむき、包丁で背を開き、背ワタを除きます。
②身はさっと霜降りにして色出しし、頭と殻は揚げます。
③氷をしいた器にアルファルファをおき、車エビの身と頭と殻を盛ります。塩もみして茹でたおくらと茹でた黄菊をあしらい、頭には梅肉をかけました。

◉覚え書き
◆写真奥は車エビ（大）1尾の殻をむき、尾のみ霜降りにして色出しし、身を三つに切り分けたもの。岩海苔、花穂じそ、わさびを添えています。

帆立貝

主に貝柱が造りに使われますが、濃厚な旨味ととろりとした口当たりが喜ばれます。厚みを2つ、3つにそぎ、食べよくすすめます。

ホタテ貝の刺身

【材料】
ホタテ貝…1個
昆布　りんご　赤芽じそ　大葉
金箔　人参のけん
●レモン醤油

①ホタテ貝の殻の間に、ヘラなどを差し入れ、身と殻の間をえぐるようにして片方の殻をはずします。もう片方も同様にして身をはずします。

②ヒモとワタをはずしたら、貝柱の黒い部分を丁寧に除きます。

③ここでは、昆布〆、焼き目造り、生のままの三種の貝柱をもりあわせています。昆布〆は貝柱をそぎ切りにしたのち、2時間ほど昆布で挟んだもの。これを薄切りのりんごと重ねました。焼き目造りは、さっと焼き目をつけて氷水にとって水気を拭き、横半分に切っています。三種の造りをよく洗ったホタテの貝殻に盛り合わせ、つまとけんを添えます。

◉覚え書き
◆レモン醤油は造り醤油を同量のだしで割り、レモンの絞り汁を加えたものです。

おろし方

❶殻と身の間に、ヘラやナイフなどを差し入れて、身をはずす。

❷貝柱から、ヒモとつながっているワタごとを包丁で切り離す。

❸ヒモは包丁でしごいてから、塩もみして水洗いし、湯に通す。

牡蛎

殻つきのカキは生きていることはもちろん、鮮度にとくに注意し、大根おろしか塩水で手早く洗って、磯の香を楽しんで頂きます。身がぷっくりとして重く、つやがよいものが良品です。

カキの造り

【材料】
カキ…大1～2個
大根おろし　レモン　大葉　みょうがのけん

①カキは殻の汚れをタワシで洗い、殻のふくらんでいる方を下に、口の方を手前にして持ち、殻の間にペティナイフなどを差し込んで口をあけ、貝柱を離し、身を取り出します。
②カキのむき身は大根おろしで軽くもみ洗いし、流水で洗いあげ、食べよく切ります。
③カキの殻にむき身を盛り、大根おろし、みょうがをのせ、大葉、レモンを添えます。

●覚え書き
◆生食用で、鮮度の申し分ないカキは、シンプルに食べるのが一番です。ここではレモンを絞りかけて召し上がって頂きます。

おろし方

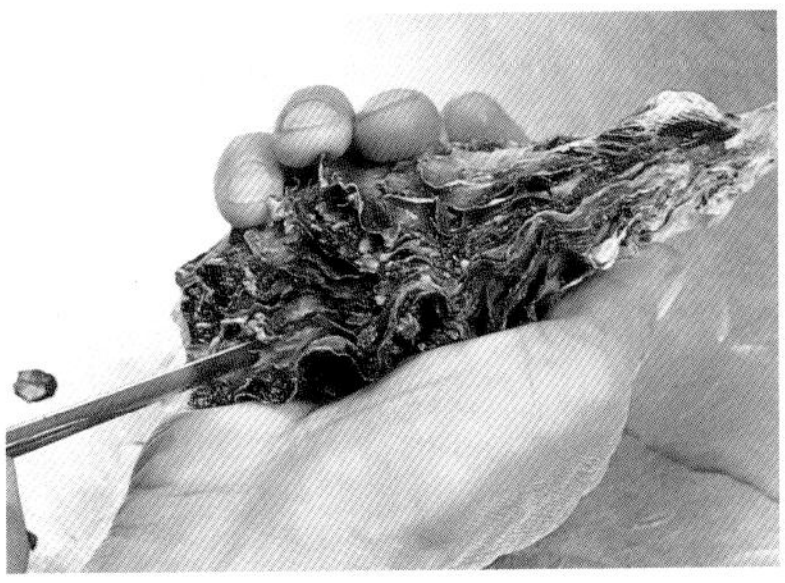

❶膨らんでいる殻を下に、口を手前に持ち、ペティナイフなどを差し入れ、こじあける。

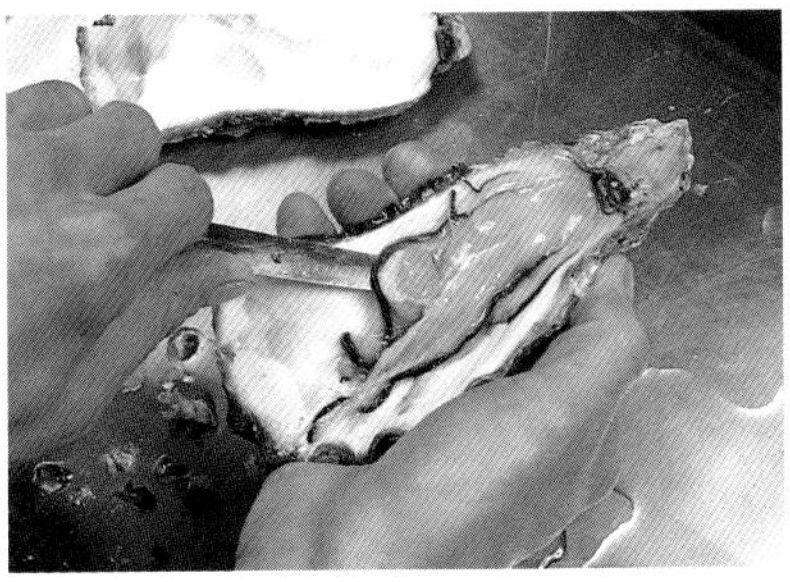

❷上の殻をはずしたら、貝柱を離し、身を取り出す。下の殻は盛りつけ用に洗う。

鮑

身のかたい〈青貝〉、身の柔らかな〈赤貝〉と色で特徴分けされ、生食には青貝のクロアワビ、エゾアワビが向くとされます。イキのよいもので、コリコリとした歯応えを楽しみます。

アワビの刺身

【材料】
アワビ…1個
大葉　菜の花　糸唐辛子　けん（みょうが　大根　きゅうり）

①アワビはたっぷりめの粗塩をふり、身の表面をタワシで磨き、汚れやぬめりを落とし、水洗いします。しゃもじなどを身の薄い方の殻に差し入れて、ぐいっと押したら、ワタを殻に残すようにして、身だけをでひっぱって取り出します。

②口の部分を切り落としたら、身の回りのエンガワ（エンペラ）を切り離します。エンガワは玉酒で茹でておきます。

③身の表面に格子状の包丁目を入れてから薄いそぎ造りにし、けんと大葉を重ねた殻の上に盛ります。食べよく切ったエンガワも添え、糸唐辛子と菜の花をあしらいます。

◉覚え書き
◆殻に残ったワタは、肝醤油にしたり、塩茹でして食べます。ワタをヒモごと取り出し、砂袋を除いてから調理します。

おろし方

❶身に粗塩をふり、塩で磨いて汚れやぬめりを落とし、水洗いする。

❷ワタを潰さないよう身の薄い方の殻にしゃもじを入れてぐいっと押す。

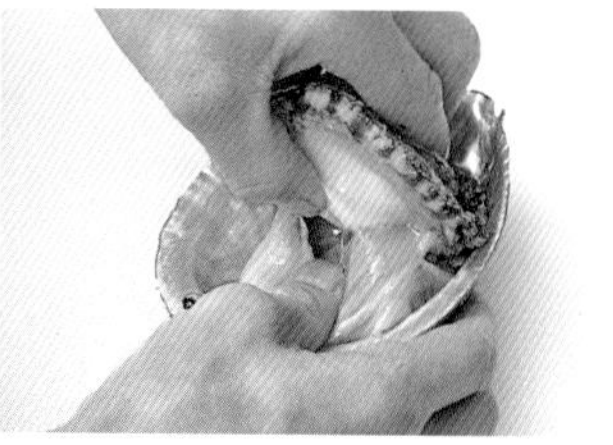
❸殻についているワタの部分を片手で押さえ、身をひっぱってはずす。

❹身を取り出したら、貝柱側を上にしておき、口を切り落とす。

❺口のまわりの身のかたい部分ごと切り落とすようにする。

❻身の回りのエンガワを切り離す。エンガワは玉酒で茹でて使う。

赤貝

刺身、酢の物、すしダネなど生食が主で、冬から春が旬。
飾り包丁を入れた造りは、特有の色味とともに
刺身の盛り合わせのアクセントにもなります。

赤貝の刺身

【材料】
赤貝…1個
はす芋　大葉　青み大根　たらの芽　昆布　おろしわさび

①蝶つがいにむき棒などをねじ入れてひねり、蝶つがいをはずします。貝の縁に沿ってむき棒を動かして貝柱をはずし、殻をはずします。もう一方の殻の貝柱もはずし、身を取り出します。
②ヒモを下にしておき、身とヒモに分けます。
③ヒモについているワタなどを包丁で取り除きます。
④身は厚みの半分へ包丁を入れて開き、ワタを除き、洗います。
⑤③のヒモを塩でもみ、水洗いします。
⑥身に包丁で切り目を入れます。布巾にのせると、身がふくらみ、切りやすくなります。1枚は鹿の子に、もう1枚は斜めに切り目を入れます。
⑦洗った赤貝の殻に、はす芋、大葉をしき赤貝を盛り、氷をしいた器にのせ、食べよく切ったヒモも盛り合わせ、けんとつま類を添えます。

おろし方

❶むき棒で蝶つがいをはずし、むき棒を動かして、貝柱を切る。

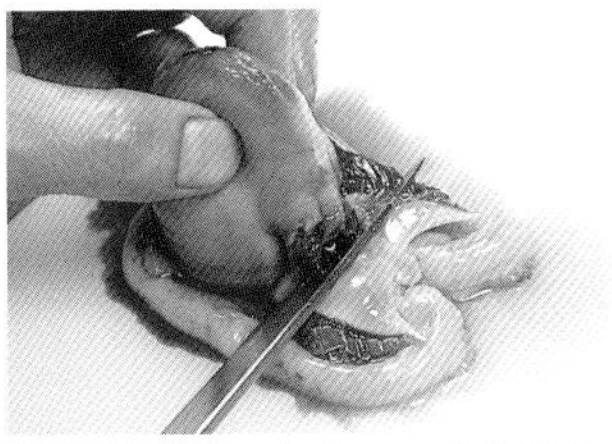

❷身をつまんで持ち、ヒモと切りわける。

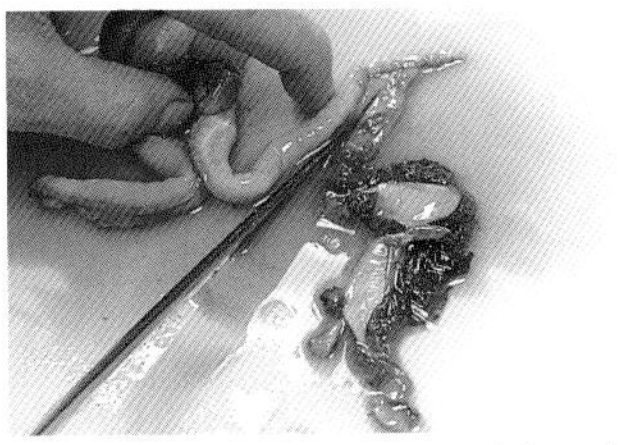

❸ヒモについているワタなどをこそげて除く。

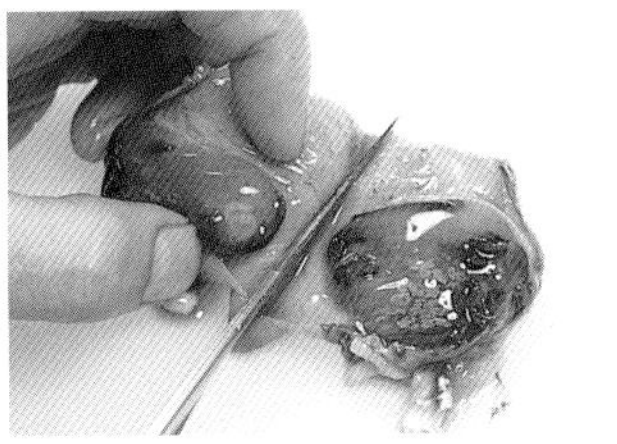

❹身は厚みの半分に切って、中のワタを取り除く。

❺ヒモは塩でもみ洗いしてから、水で洗う。

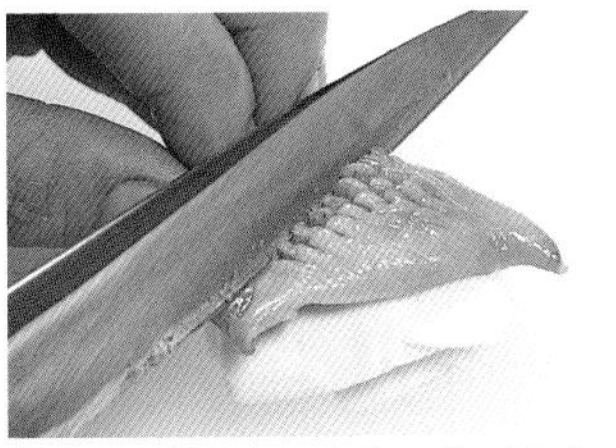

❻身には飾り包丁を入れ食べよく。布巾の上だと切りやすい。

栄螺

潮の香りがする身はシコシコと歯応えよく、
ワタはサザエならではのほろ苦い味わい。
殻を利用して盛ると、バランスよくまとまります。

「サザエの刺身

【材料】
サザエ…2個
ワカメ　大根のけん　大葉　すだち　おろしわさび

①サザエは殻にナイフを差し入れて、身を取り出します。殻と身を回しながら、ワタごと取り出したら、フタをはずしてエンガワを切り、口ばしを切り出します。塩みがきし、流水でよく洗い、水気を拭き取ります。
②①のサザエの砂袋を開いて内臓をしごき取ります。身を薄くそぎ切りにし、ワタは乱切りにします。
③器にサザエの貝殻をおき、そぎ造りの身を盛り、サザエ型の器にはワタを盛りました。

◉覚え書き
◆サザエのワタの先端の方は雌雄で色が異なります。白いのがオスで、緑色がメスです。
◆他の貝類同様、サザエも生きているものを使います。殻にさわるとすぐにフタを閉じれば生きています。

人気の刺身料理・楽しい刺身料理

刺身の料理はどんな席でも人気の高いものですが、宴席などでは華やかさが求められますし、いつもと違う新しい仕立てなども喜ばれます。

この章では、「焼き造り」など楽しい仕立て方の例やご馳走感のある盛り込みの刺身の料理を紹介します。

サラダ仕立ての刺身

マグロの角造り　サラダ仕立て

身近な材料だけで洒落た雰囲気に。湯引いたマグロは切り口の色味が冴えて冊に取れない身なども充分に使えます。

【材料】

マグロ（赤身）…70g
きゅうり　人参　大根　玉ねぎ　花穂じそ　赤芽じそ
●ごま醤油（造り醤油½カップ　だし汁大さじ3　ごま油大さじ1　煎りごま大さじ1　おろしわさび少々）

①マグロは2cm角位の棒状に切って湯引き、氷水で冷まして水気を拭き、2cm厚さ位に切ります。

②野菜類は薄い短冊に切り、冷水に放ってしゃきっとさせます。

③②の野菜類の水気をきって器の中央にこんもりと盛り、そのまわりに①のマグロを盛ります。花穂じそと赤芽じそをあしらい、ごま醤油ですすめます。

◉覚え書き

◆ごま醤油の作り方／煎りごまをすり鉢でよく当たり、造り醤油とだし汁、ごま油を合わせ、おろしわさび少々を加えます。

◆オイスターソース（カキ油）入りのドレッシングも合います。酢2杯、オリーブオイル1杯、オイスターソース½杯、塩、胡椒各少々、おろし玉ねぎ⅓杯の割合で混ぜます。

◆野菜類は、うどやセロリ、はす芋、紫玉ねぎなど、手持ちのものでいろいろと工夫して下さい。

赤ムツのサラダ仕立て

洋皿に楽しく盛った
パーティにも喜ばれる一品。
色んな魚で応用できます。

【材料】
赤ムツの上身…100g
サニーレタス　クレソン　プチトマト
紫玉ねぎ　ラディッシュ　れんこん　マーシュ　黄ピーマン　にんにくチップ
●ごまドレッシング

①赤ムツは薄目の引き造りにし、塩、胡椒してから、サラダ油をまぶします。
②野菜類は食べよく切り、れんこんは酢を加えた熱湯で湯がき、あとは適宜冷水に放ったのち、水気をきります。
③器の縁に赤ムツを重ねながら立てて盛り、中央に野菜類を混ぜおき、にんにくチップをあしらいます。

◉覚え書き
◆ごまドレッシングはサラダ油1カップ、酢½カップ、練りごま大さじ3、ごま油大さじ2、濃口醤油¼カップ、砂糖大さじ1、きりごま大さじ1、塩、胡椒を混ぜて作ります。

赤イサキとフルーツのサラダ

芳ばしい焼き霜造りの赤イサキに
和洋の食材を合わせた個性的なサラダ。
コダイやフッコ、コチなどでも美味。

【材料】
赤イサキのおろし身…70g
はす芋　オレンジ　ラディッシュ　水玉きゅうり　焼きねぎ　赤ピーマン　刺身こんにゃく（緑・白）　粟麩
●ドレッシング青じそ風味（オリーブオイル2杯、りんご酢1杯、塩、胡椒、みじん切りの大葉、切りごま各適量）

①野菜、果物、こんにゃく、粟麩は同じ位の大きさに切り、適宜下ごしらえします。
②赤イサキは焼き霜造りにし、食べよくそぎ切りにします。
③①と②をさっと混ぜ、ドレッシングをかけて供します。

薄造りのいろいろ

アジの薄造り

アジやサバなど水分の多い青魚は包丁のきれが大切。

【材料】
アジのおろし身…片身
みょうが　南瓜　うど　人参　おかひじき　大葉　すだち　花穂じそ
花丸きゅうり　おろしわさび
●わさび酢醤油

①アジのおろし身は塩でしめてから薄皮をひきます。これを薄造りにし、切ったそばからひと切れずつを少し重ねぎみに盛っていきます。
②中央に大葉をおき、その上にけん類をつんもり盛り、おろしわさび、くし形のすだちを添え、花穂じその花と花丸きゅうりをあしらいます。

◉覚え書き
◆つけ醤油は、わさび醤油に酢を少し落としたものが合い、青魚特有のくさみが取れます。ここではすだちを絞り入れて召し上がって頂きます。

タイの薄造り

外側の身を少し立て端正な放射盛りにしたタイならではの薄造り。

【材料】（一人分）
タイの上身…70g
あさつき　紅葉おろし　すだち
●ポン酢醤油

①タイは薄いそぎ造りにし、1枚そぐごとに器に盛ってゆき、放射状に盛ります。中央に4、5cm長さに切り整えたあさつき、紅葉おろし、すだちをのせ、よったあさつきを飾り、ポン酢醤油ですすめます。

◉覚え書き
◆タイの薄造りは、できれば天然もので。養殖ものは時間をおくと身が柔らかくなります。

オコゼの薄造りと糸造り肝和え

夏の高級白身魚。歯応えがよいので器が透ける薄さに。

【材料】
オコゼ…150g
大葉　青ねぎ　紫玉ねぎ　すだち
●ポン酢醤油

①オコゼをおろし、身は上身にし、薄造りと糸造りにします。薄造りはそいだ身から器に少しずつ重なるように盛りつけていきます。糸造りの身はオコゼの肝で和えて割り醤油を少したらしてすすめます。これを紫玉ねぎの釜にのせて器に盛り合わせます。オコゼの皮と、とおとうみの湯引きも大葉を皆敷きにして盛り合わせ、青ねぎをあしらいます。

キスの薄造り骨せんべい添え

網けんの形を活かし四角に盛ることで面白味を出しました。

【材料】
シロギス…1〜2尾
大根と人参の網けん　大葉　梅肉　すだち

①キスは三枚におろして腹骨をすき取り、小骨を抜きます。
②キスの中骨は血合いを除いてきれいに洗い、骨を叩いたのち、風干しにしてから、素揚げの二度揚げとして、軽く塩をふります。
③①のキスの皮を引き、薄造りにします。
④器に大根と人参の網けんをしき、大葉をのせ、その上に薄造りのキスを盛ります。ほぐした梅干し、すだちを添え、手前に骨せんべいを添えます。

焼き霜造り

カジキの焼き霜造り

脂がたっぷりとのったところを塩でしめてから焼き霜にすると後を引く濃厚な旨味が楽しめます。

【材料】
カジキ…200g
青ねぎ　赤ピーマン　アボカド　貝割れ菜　みょうが
くこの実　にんにくチップ

①カジキは長方形に冊取りしたものを用意し、たっぷりめの塩をまぶし、末広に串を打ちます。
②①のカジキのまず腹側をしっかりめに焼き、次いで背側も焼いたら、すぐに氷水にとって串を回し抜き、冷ますと同時に塩を落とし、布巾で水気を拭きます。これを3㎜厚さくらいの引き造りにします。
③にんにくの薄切りはこんがりと揚げ、貝割れ菜は半分に切ります。みょうがはけんに打ち、青ねぎは小口切りにし、赤ピーマンは松葉に切ります。アボカドは1㎝角位に切り、くこの実は戻します。
④器に②のカジキを放射状に盛り、③のつま類を彩りよく盛り合わせます。

◉覚え書き
◆つけ醤油はわさび醤油にレモンを絞ったものが合います。ドレッシングは、酢1.5杯、バルサミコ酢0.5杯、オリーブオイル1杯、塩、胡椒各少量と濃口醤油0.3杯を混ぜ、つぶした煎りごまを加えたものがおすすめです。
◆塩をした魚をガスコンロで焼くとサビなどのもとになります。家庭ではフライパンで焼くと良いでしょう。

タチウオの焼き霜造り

身が柔らかく淡泊な白身。焼き霜にして皮を芳ばしく身はさっぱりした旨味に。

【材料】
タチウオのおろし身…50g
おぼろ昆布　はす芋　京人参　大葉　すだち

①タチウオのおろし身は、皮と身の間に金串を打ち、バーナーか焼き網で皮目をさっと焼き、氷水にとって串を回し抜きます。冷めたら、水気を拭きます。
②引き造り5切れと、小原木8切れに切りつけ、けん、つまとともに器に盛ります。小原木は、タチウオを4cm幅くらいに切ったのち、小口に対し、垂直に切り分けています。

◉覚え書き
◆タチウオの皮目を焼くときは金串を打たないと皮が反ってしまいます。皮一枚のところに打って下さい（11頁参照）。

イカ　焼き霜のワタ味噌かけ

表面だけをさっとあぶったイカにまったりとしたワタ味噌がよく合い、酒の肴に格好です。

【材料】
イカ…50g
ワタ味噌（塩をしたワタ　卵黄　玉味噌）　岩海苔

①ワタ味噌を用意します。ワタに強めに塩をして一昼夜おき、玉味噌と卵黄を練り合わせます。
②イカは冊取りしたものを用意し、鹿の子包丁を入れて、表面だけをさっとあぶったら、素早く氷水にとって水気を拭き取ります。これを食べよく切って器に盛り、①のワタ味噌をかけ、岩海苔を天にあしらいます。

◉覚え書き
◆焼き霜造りにする際、バーナーであぶりましたが、家庭では網にのせてさっと表面をあぶるとよいでしょう。
◆ワタ味噌を急に準備するのは大変です。卵黄1個に対し、味噌10g、イカの塩辛少々を混ぜても結構です。

焼き造り

鮭幻（ケイジ）の変わり造り仕立て

ケイジは稀少なサケで格別の旨みが喜ばれます。二種の造りでより魅力的に。

【材料】
鮭幻（またはサケ）のおろし身…100g
松葉きゅうり
●みぞれ酢醤油

①ケイジは筋に取り、背側は皮をひいてそぎ造りにし、腹側は皮ごとを角造りにします。背側の皮は食べよく切り、巻いておきます。
②腹側の身と背の皮は焼き造りにします。
③しきりのある器の手前に氷を入れ、竹の簀の子をしいて、そぎ造りを盛り、焼いた皮と松葉きゅうりを添えます。器の奥に腹側の焼き造りを盛りました。大根おろしに酢醤油を混ぜたものを添えます。

◉覚え書き
◆ここで使用の織部は、奥に炭を入れられるようになっていますから、身を焼きながら楽しんで頂く趣向としました。
◆ケイジは何万匹に一尾しか獲れないとまでいわれるサケで、雌雄両性を持ち合わせ、時サケよりははるかに美味といわれます。

キンメダイの網焼き造り

表面にさっと火が入ったらすだちを絞って爽やかに。昆布の風味も生きます。

【材料】
キンメダイ…80g
昆布　糸唐辛子　おくら　すだち

①昆布はかたく絞った濡れ布巾で表面を拭きます。キンメダイをやや大きめのそぎ造りにして昆布の上に並べ、糸唐辛子と塩もみしたおくらを添えます。
②炭をおこして卓上コンロに入れ、金属製の網笊にキンメダイを昆布ごとのせて、さっと焼いて召し上がって頂きます。

◉覚え書き
◆焼き加減は好みですが、刺身の料理ですから、表面だけにさっと火を入れて召し上がって頂くようにします。
◆昆布の香りにすだちを絞るだけの喰い味とし、つけ醤油は特に用意しません。
◆アラやタイなどでも同様に作れます。タイは天然の大きいものが向きます。

スミイカ　石焼き

イカワタを使った香り焼き。さっと返し焼きし、香りと旨みを活かします。

【材料】

スミイカ…1/4冊　イカのワタ…適量
白髪ねぎ　糸唐辛子　木の芽

①スミイカは冊取りしたものを用意し、表面に鹿の子包丁を入れて短冊に切ります。

②イカのワタを、煮きった酒とみりんでのばし、①のイカの身をつけて味をなじませます。

③②を少し深さのある器に盛り、白髪ねぎと糸唐辛子をあしらいます。

④大きな器に煎り塩、松葉をしき、よく焼いた石をのせ、客前にお出しします。イカの両面をさっと焼いて召し上がって頂きます。

◉覚え書き

◆家庭ではホームプレートで焼いてもいいでしょう。

◆イカの下にしいた煎り塩には、泡立てた卵白少々を混ぜて固めてあります。松葉をおくのは、焼き石の熱が塩に取られないようにするためです。

ブリ、ホタテ、白子の焼き造り

中華風の二種のにんにく味噌ですすめる
コクも旨みもある刺身料理。
ビールや紹興酒など幅広いお酒に合います。

【材料】
ブリ…20g　ホタテの貝柱…1枚　タラの白子…20g
エリンギ　昆布
●にんにく味噌XO醤風味　にんにく味噌にら風味

①ブリは5㎜厚さくらいのそぎ切りにし、ホタテの貝柱は玉酒で洗い、身を2、3枚に切り分けます。白子は、立て塩につけて軽くもみ洗いしながら血筋を取り除き、食べよく切ります。エリンギは食べよく割きます。
②コンロにおこした炭を入れ、昆布をしいた陶板鍋をのせ、魚介と茸をさっと焼きます。二つの風味のにんにく味噌を添え、好みでつけながら召し上がって頂きます。

◉覚え書き
◆にんにく味噌XO醤（エックス・オー・ジャン）風味は、玉味噌10に対し、XO醤1、おろしにんにく少々を混ぜたもの。にら風味は玉味噌とおろしにんにく少々を混ぜて、細かくたたいたにらを加えます。
◆ブリの他、カンパチやシマアジ、イナダ、サケの腹身やタラなども合います。

にんにくと相性のよいにらを細かくたたいて味噌に加えたもの。中華風の複合的な旨みが楽しい。

●にんにく味噌にら風味

●にんにく味噌XO醤風味

一人前の釜盛り

タイとマグロの造り　冬瓜釜

冬瓜の釜で初夏らしい涼感ある氷室造りに。ほかに、南瓜や青瓜、フルーツの釜なども季節の演出にうってつけです。

【材料】
タイの上身…30g　マグロ（赤身）…20g
はす芋　黄菊　室きゅうり　唐草大根　きゅうりの葉と花

①タイとマグロはそれぞれそぎ造りにし、1人当て3切れずつを用意します。
②冬瓜の釜に氷をしき入れ、奥にきゅうりの葉と室きゅうりを立体的におき、左手前にはす芋の薄切りをたてかけたら、タイのそぎ造りを外表に二つに折って盛ります。右にマグロを重ねて盛り、菊のはなびらをあしらいます。

◉覚え書き
◆冬瓜の中身は翡翠煮やすり流しなどの料理に使います。小さめの冬瓜は値も手頃で、丁寧に切り返していけるので包丁の練習にもなります。

珍味盛り合わせ

刺身にひと手加えた
肴によい珍味類を
秋らしい風情の釜盛りに。

【材料】
ヒラメ柿釜盛り／ヒラメ…適量
柿　吹き寄せ用のあしらい類
アコウ隼人瓜釜盛り／アコウダイ…適量
隼人瓜　防風　紅芽
アコウのレディース大根舟形盛り／
アコウダイ…適量　レディース大根
食用菊　割りポン酢醤油
ヒラメのエンガワナッツ和え／
ヒラメのエンガワ…適量　柚子
青ねぎ　ピーナッツ　わさび醤油

①ヒラメ柿釜盛りを作ります。ヒラメのそぎ身にひと塩をあてて、さっと酢洗いします。柿釜に大葉をしき、ヒラメを盛り、吹き寄せ風にあしらいを飾ります。
②アコウ隼人瓜釜盛りを作ります。アコウダイはそぎ身にして昆布〆し、隼人瓜の釜に盛り、防風と紅芽をあしらいます。
③アコウの舟形盛りを作ります。アコウダイは焼き霜にし、だしで割ったポン酢醤油をからませて、レディース大根の釜に盛り、あしらいを飾ります。
④ヒラメのエンガワナッツ和えを作ります。ヒラメのエンガワを色紙切りにし、ピーナッツの粗く叩いたものとねぎの小口切り、わさび醤油少量をからませて、柚子釜に盛ります。

キンメダイの造り　南瓜釜

丁寧に飾り彫りした南瓜に
いちょうの葉の南瓜、かずらの実を添えた
秋らしいしっとりとした趣のお造りです。

【材料】
キンメダイの上身…70g
京人参のけん　海苔　黒皮南瓜のいちょう　おろしわさび

①キンメダイはそぎ造りにします。
②南瓜の釜に氷をしき入れ、柿の葉を皆敷とし、造り身を重ねて盛ります。けんとつまをあしらい、かずらの実を飾りました。

◉覚え書き
◆キンメダイは身が柔らかいので、ウロコをかかず大名おろしで三枚にし、皮をすきます。必要以上に身に触れないようにします。

一人前の盛り込み

刺身一人前盛り　平鉢

タイを台盛りに エビの赤を活かし、サワラと貝を盛ります。

【材料】
タイ…30g　車エビ（活け）…1尾
サワラ…20g　ホタテ貝柱…1枚
レモン　青み大根　大葉　はす芋
みょうが　岩茸　おろしわさび

①サワラは焼き霜にして2目飾り包丁を入れた引き造りにします。車エビは頭をはずし、尾のひと節を残して殻をむいて背ワタを除きます。頭と殻は塩焼きにし、身は尾だけを湯につけて赤くします。ホタテの貝柱は厚みの半分に包丁を入れ、いちょう切りのレモンを挟みます。タイは引き造りにします。

②器の奥に青み大根をおき、大葉を重ね、タイの引き造り3切れを少しずつ重ねて盛ります。手前左に車エビの頭と殻を盛り、身は尾を上にしておきます。サワラの焼き目造りを右手に盛り、一番手前にホタテのレモン香り造りを盛ります。

刺身一人前盛り　四方鉢

深さのある四方鉢の場合、底面から浮かび上がって見えるように盛ります。

【材料】
タイ…30g　ヨコワ…20g　伊勢エビ…10g
大葉　みょうが　岩茸　大根　きゅうり　黄菊　おろしわさび

①ヨコワは湯びいて霜降りにし、角造りにします。伊勢エビのそぎ身もさっと湯ぶりしておきます。タイはそぎ造りにします。

②まず器の左奥にタイのそぎ造りを盛りますが、外表に二つに折り、3切れを重ねて盛ります。次いで右奥にヨコワの角造りの切り口を上にして盛ります。みょうが、大葉の順でおき、手前に伊勢エビを盛ります。岩茸、大根、きゅうり、菊の花びらをあしらい、おろしわさびを添えます。

刺身一人前盛り
桶盛り

タイとイカの造りを色合い的に木桶に盛り、トコブシをポイントに。

【材料】
タイそぎ造り…2切れ　イカ筋目造り…2切れ　トコブシそぎ造り…1ぱい分
はす芋　大葉　大根　三つ葉　ねぎ　黄菊

①小さめの木桶の器に、はす芋と大葉を重ねておき、タイのそぎ造り2きれを2つ折りにして盛ります。手前にイカの筋目造りを軽く巻いておき、斜め切りのねぎをあしらいます。
②トコブシはきれいに洗った殻に盛って、家盛りとします。
③氷をしき入れた大皿に刺身を盛り合わせ、桂むきの大根を茹でた三つ葉で結んだ奉書を添えます。

刺身一人前盛り
長手皿

長手皿の位置がお客の正面や斜め左の場合、大きなもの、高さのあるものを左に配します。

【材料】
タイ…20g　ヨコワ…20g　伊勢エビ…20g
はす芋　きゅうり　みょうが　岩茸
おろしわさび

①ヨコワは湯びいて霜降りにし、角造りにします。伊勢エビのそぎ身もさっと湯ぶりしておきます。タイはそぎ造りにします。
②長手皿の左に伊勢エビの尾を茹でたものをおき、その上に湯ぶりした伊勢エビを盛ります。中央に角造りのヨコワ2切れを盛り、右側にタイのそぎ造りを二つ折りにして盛ります。みょうが、きゅうり、はす芋をあしらい、中央手前に岩茸とおろしわさびを添えます。

大皿・大鉢趣向盛り

ウメイロの造り　大鉢盛り

ウメイロは旨みのある白身魚。かつらにむいた沢庵、赤かぶ、大根で巻いて、彩り楽しく、食べ味に変化をつけました。

【材料】
ウメイロの上身…50g
大根　赤かぶ　沢庵　京人参　室きゅうり　青み大根　水前寺海苔
花穂じそ　おろしわさび

①沢庵、大根、赤かぶはかつらむきにし、沢庵は水につけて塩出しし、大根と赤かぶは立て塩につけてしんなりとさせておきます。かつらむきの大根と人参の一部で室きゅうりを巻いておきます。
②ウメイロは大原木造りにし、①の沢庵、大根、赤かぶで巻きます。
③氷を入れた大鉢に笹の葉をしき、②の造りを盛り合わせ、室きゅうりの砧巻き、青み大根、花穂じそ、おろしわさびを添え、戻して松葉に切った水前寺海苔を天にあしらいます。

◉覚え書き
◆ウメイロは温暖な海域に棲むフエダイ科の白身魚。背から尾にかけてが黄色く、熟した梅の実の色に似ているところからの名といわれます。

マダラの昆布〆

タラの昆布〆を葉らんごと大鉢に盛るダイナミックな仕立て。

【材料】
マダラ…70g
昆布　糸唐辛子　葉らん　室きゅうり　姫人参青み大根　グレープフルーツ　にんにくチップ　塩昆布

①昆布は固く絞った濡れ布巾で汚れを拭きます。マダラはそぎ切りにし、薄く塩をし、昆布の上に身が重ならないように並べてゆき、上に糸唐辛子を散らします。これを昆布で挟み、葉らんやラップなどできっちりとおおい、冷蔵庫で1時間ほどねかせます。

②大鉢に、砕いた氷を敷き詰め、マダラの昆布〆を葉らんごとのせます。青み大根、姫人参、室きゅうりの小口切り、にんにくチップ、グレープフルーツ、湯引いて刻んだタラの皮を一緒に盛り込み、塩昆布を添えます。

◉覚え書き
◆タラは昆布〆にすることで、淡白な身に旨味が加わります。タラだけでなく、タイやヒラメ、キス、ハゼなどの白身魚も昆布〆に合います。刺身にして余ったものを昆布〆にするのもよいでしょう。

昆布〆の作り方

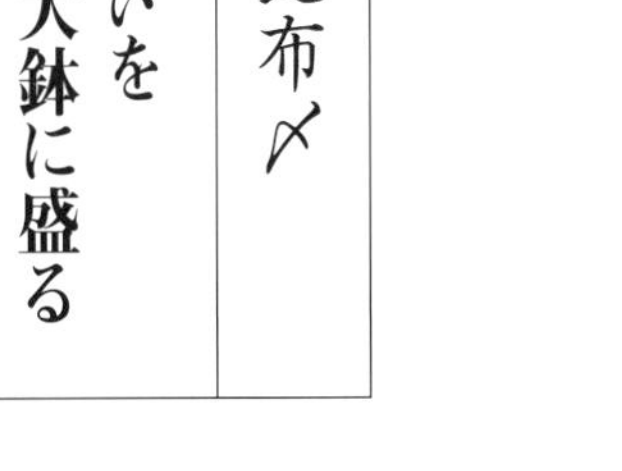

❶昆布〆には粘りの出にくい昆布を。固く絞った濡れ布巾で汚れを拭く。

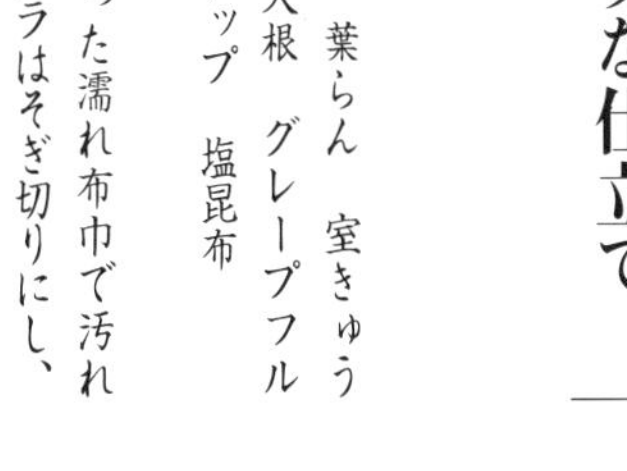

❷タラをそぎ切りにして、一枚ずつ昆布の上にのせていく。

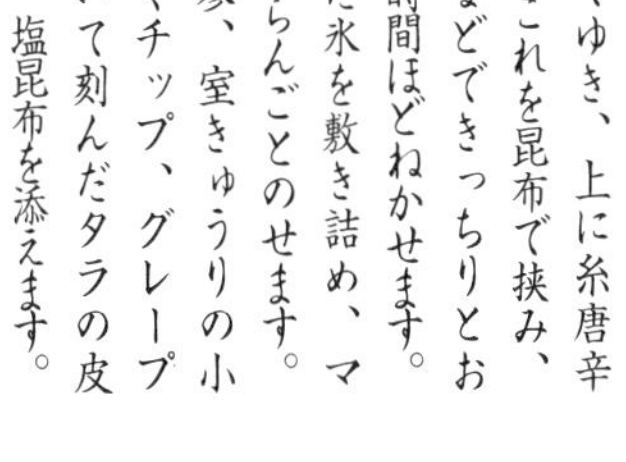

❸昆布の幅に合わせてのせていく。薄く塩をするとやや早くしまる。

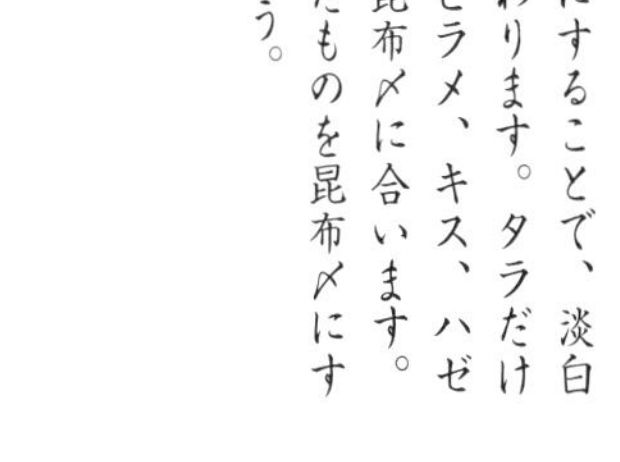

❹昆布で挟む。この上に身をのせてもよい。ラップで包み冷蔵保存する。

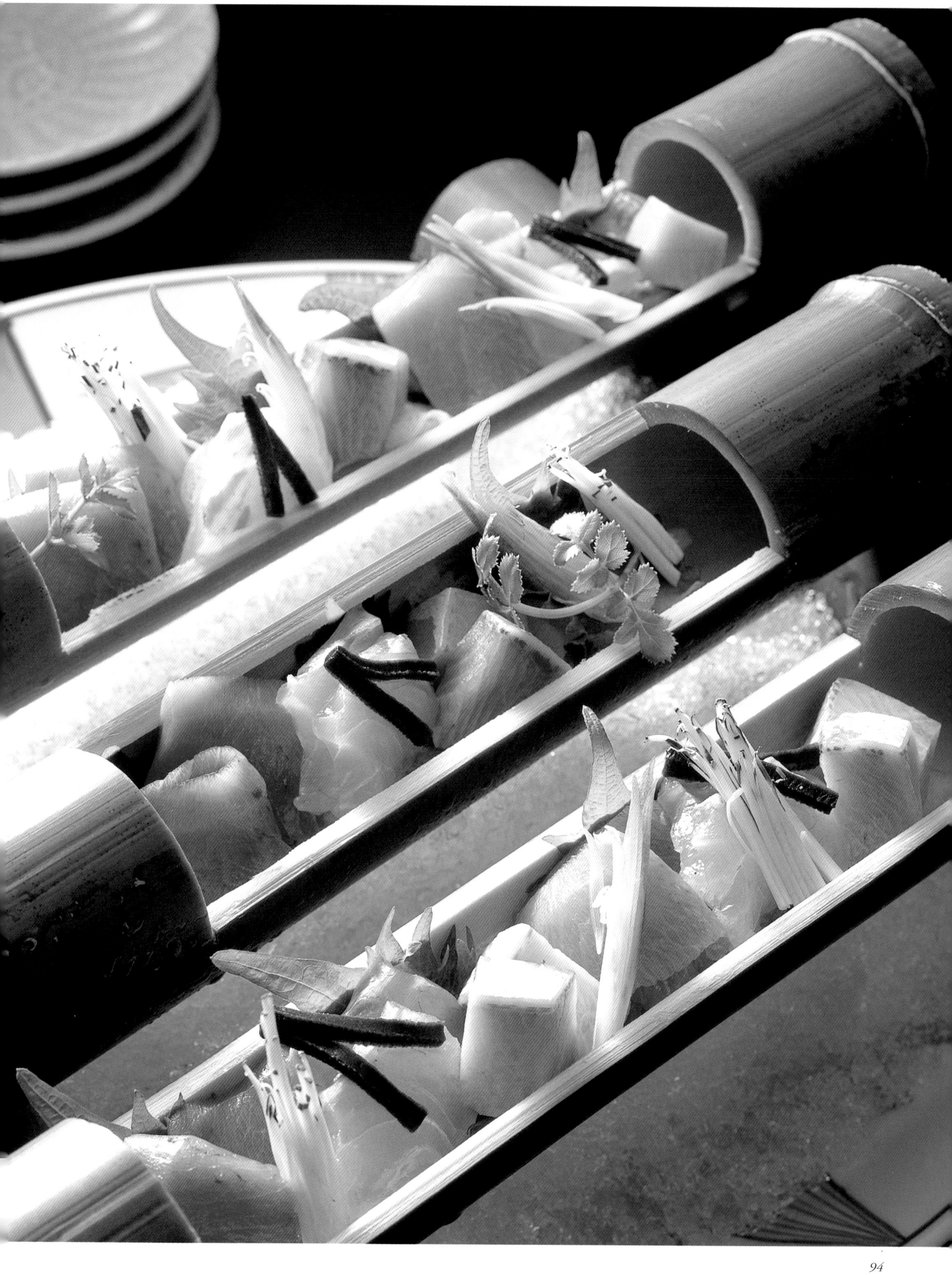

刺身　青竹盛り込み

清々しい青竹の器いっぱいに盛りボリューム感を出しています。

【材料】
ヨコワそぎ造り…10切れ　タイそぎ造り…10切れ
ブリトロ角造り…10切れ　はす芋　大葉　いかり防風　水前寺海苔松葉　みょうが　南瓜のけん

①ブリトロは、皮目に細かい格子状の包丁目を入れて角造りにします。
②青竹の器の底にはす芋をしいて底を平らにし、バランスよく大葉を重ねたら、左側からヨコワ、タイ、ブリの順で盛ります。

◉覚え書き
◆五人前の盛り込みの例です。取り皿を添えて、取り分けて召し上がって頂くようすすめます。

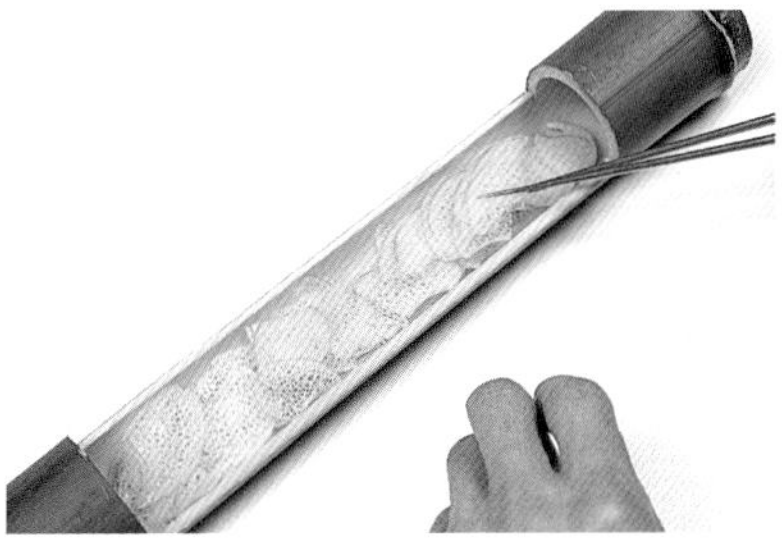

❶青竹の器に、薄切りのはす芋をまんべんなくしき入れて、底を平らに整える。

❷左側から、器いっぱいに、ボリュームを持たせて盛っていく。

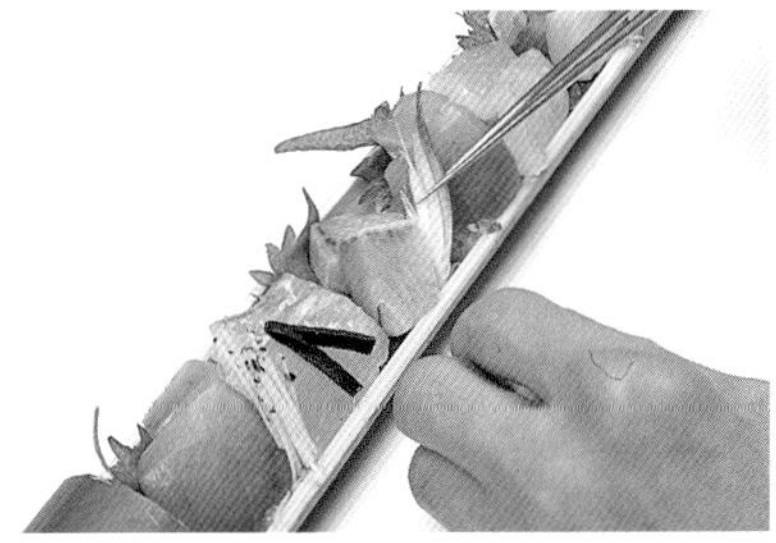

❸左側から、けんとつま類をバランスよくあしらって仕上げる。

刺身五人前盛り込み

少人数の宴席などでは銘々の器で用意し、大盆に盛ると、華があり、取り分けやすいものです。

【材料】
ブリトロ引き造り…15切れ　ヨコワ平造り…10切れ　伊勢エビ洗い…5切れ　ホタテ貝柱角造り…5枚分　大葉　大根　防風　水前寺海苔

①まず深鉢に三種を盛ります。大根の拍子木を奥に盛り、大葉を重ね、皮目に切り目を入れたブリの引き造り3切れを重ねおきます。その右にヨコワの造り2切れを盛り、水前寺海苔をたてかけて、手前に伊勢エビの造りをつんもりと盛ります。
②小鉢には、角切りにしたホタテの貝柱を盛り、あられに切った水前寺海苔、防風をあしらいます。
③梅型の折敷の中央に、小鉢を盛ったガラス器をおき、そのまわりに深鉢をおきます。

◉覚え書き
◆人数分がはっきりとわかる盛り込みですから、皆様に遠慮せずに召し上がって頂けます。
◆深鉢の方の造りは大根かつらの色紙でおおってお出ししますが、これは刺身が乾かないようにするためです。

刺身五人前大皿盛り込み

丸い大皿盛りは、人数に合わせ放射状に盛ってどの席からも取り分けやすく。

【材料】
マグロ引き造り…15切れ　タイそぎ造り…10切れ　イナダ引き造り10切れ　イカ細造り…25切れ
大根のけん　大根拍子木　大葉　室きゅうり　黄菊　赤芽じそ　龍皮昆布　すだち　グリーンカール

①四種の造り、五人分を取り分けやすく盛ります。大根のけんを器を回しながら均等におき、中央に大根拍子木とグリーンカールをおきます。大根のけんに大葉をたてかけ、マグロ3切れを少したてかけるように盛っていきます。その手前にイナダ2切れずつを盛っていき、次いで右側の空いたスペースに大葉をおいてはタイを2切れずつもっていきます。タイの手前にイカを盛り、造りを盛り終えたら、黄菊の花びら、赤芽、すだち、室きゅうりをあしらってゆきます。

刺身五人前盛り込み

タイ、ヨコワ、ブリトロの三種を一人前ずつの平盛りとなるよう向きを揃えて大皿に盛り込みました。

【材料】
タイそぎ造り…10切れ　マグロ（ヨコワ）平造り…10切れ　ブリトロ引き造り…10切れ
大根　きゅうり　防風　大葉　黄菊

①大皿に、一人分ずつの刺身三種を寄せて盛り、放射状に5人前を盛り込みます。まずタイのそぎ造りを重ね盛り、湯引いた皮をのせます。手前に大葉をたてかけ、左手にヨコワの造り2切れを少しずらせて盛り、手前右にブリの造りを盛ります。ヨコワの上に黄菊の花びらをのせ、斜め切りのきゅうりをマグロにたてかけ、造りの高さに合わせて切った防風を手前にあしらいます。

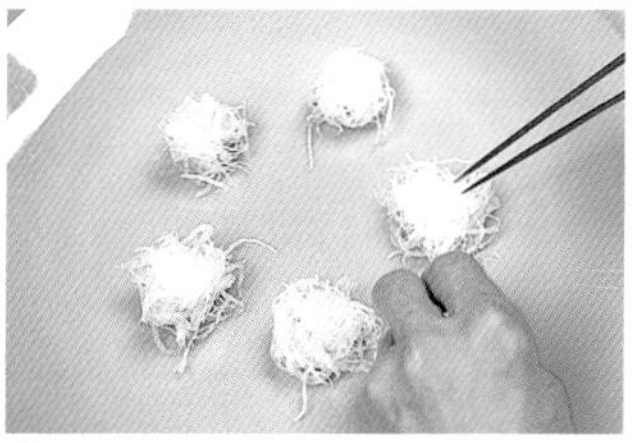

❶器の中央よりを五等分し、大根のけんをおいていく。器を回しながら均等に盛っていくようにする。

❷中央にあしらいをおく。大根のけんに大葉をたてかけ、マグロを少しずつずらし、少し角度をつけて盛る。

❸イナダ２切れをひと箸に取って、身の右側ををやや手前に反らせ気味にし、マグロの前におく。

❹マグロとイナダの右の空いたスペースに大葉をしき、タイのそぎ造りを２つ折りにし、少し重ねて盛る。

❺イカの細造りはまず３切れをひと箸ですくい、タイの手前左におき、次いで２切れをその斜め前におく。

❻マグロの上に黄菊の花びらをおき、すだち、赤芽じそを添え、イカの上に薄切りの室きゅうりをあしらう。

刺身平盆盛り込み

正客、次客と順に取り分けて頂く場合など平盆に三人前を同じ方向で盛って端正に。器に余白を持たせて、バランスよく。

【材料】
タイ引き造り…6切れ　マグロ（赤身）引き造り…6切れ　イカ筋目造り…6切れ　サワラ焼き霜引き造り…6切れ
大根短冊　大葉　青ねぎ　みょうが　雪の下　紫芽　すだち　黄菊　おろしわさび

①器を三等分して中央に大根の短冊切りをおき、左手奥と右手奥にも大根の短冊をおきます。その手前にそれぞれ大葉をおいてタイの引き造りを盛ります。右手にマグロの引き造りをおき、次いでイカの筋目造りを盛り、すだちをおいてサワラの焼き霜造りをもっていきます。みょうが、青ねぎ、紫芽、雪の下とわさびを添え、黄菊の花びらをあしらいます。

マグロの大鉢盛り

赤身、トロ、ねぎトロとマグロづくしの三種盛り。中央の飾りが華を添えます。

【材料】
マグロ（赤身）引き造り…6切れ　マグロ（トロ）角造り…9切れ　マグロ（トロ）の端身…適量　青ねぎ　長芋　大葉　黄菊

①マグロの赤身はやや厚めの引き造りにし、トロは1人当て3切れを角造りにします。
②トロの端身は細かくぶつ切りにして小鉢に盛ります。小口切りのねぎと長芋の粗く叩いたものをわさび醤油で味を調え、これをトロの端身にかけて、きざんだ大葉をあしらいます。
③大鉢に砕いた氷をしき、赤身、トロ、ねぎトロの三種の刺身を盛り合わせます。赤身には黄菊の花びらをあしらい、トロは大葉の上に盛り、中央に飾り切りした紫玉ねぎを盛ります。

紅葉ダイの姿盛り

タイは立体的に頭を大きく見せて盛り姿よく、威勢よく。

【材料】
タイ（小）…1尾
大葉　大根　きゅうり　より人参　室きゅうり　ワカメ
花穂じそ　合い混ぜのけん　おろしわさび
肝和え用（大根おろし　きざみ大葉　黄菊の花びら）

①タイは姿造り用に三枚におろします。おろし身の半量は皮霜造りにし、残り半量は皮をひき、そぎ造りにします。皮は湯引いて細く刻みます。タイの肝はボイルしておきます。端身を細造りにしておきます。
②氷をしいた大鉢の奥に、頭の枕となるようかぼちゃをおき、尾のあたりには大根の枕をおきます。
③タイの尾頭つきの中骨を竹串などで枕に固定します。
④左奥に大根の拍子木切りをおき、きゅうりをたてかけます。大根の枕の手前にワカメを盛り、その左に人参のわさび台とわさびをおきます。
⑤タイの中骨の上に大葉をおき、背側に皮霜造りを盛り、腹側にそぎ造りを盛ります。
⑥小皿に細造りのタイを盛り、酢醤油をさした大根おろし、湯引いたタイの皮の順でのせ、刻み大葉をあしらいます。その手前にタイの肝を盛り、黄菊を添えます。
⑦小口切りのきゅうりとより人参をあしらいます。

❶盛りつけのイメージを決め、器、つま類を調え、段取りよく盛る。

❷タイの頭側に南瓜、尾側に大根の枕をおいて、固定用の竹串を刺す。

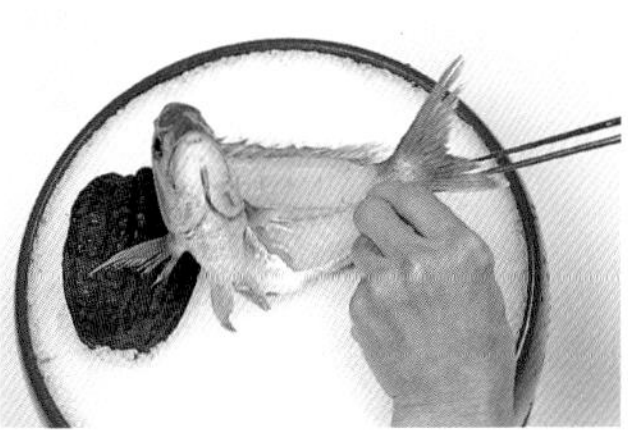
❸頭が大きく見えるよう立てて盛り、尾も威勢よく跳ねた形に整える。

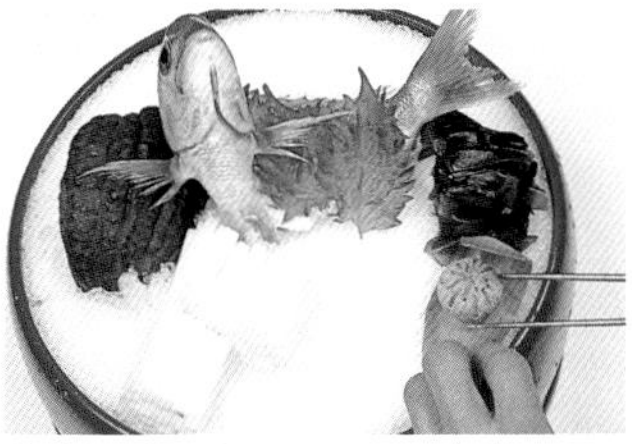
❹大根拍子木、ワカメ、右端にわさびと、回りのあしらいを先に盛る。

❺背側に皮霜造りを、腹側にそぎ造りをひと箸に3切れほど取り、盛る。

❻小皿盛りの造りと肝をおき、彩りのバランスをみてあしらいを飾る。

桜ダイの姿盛り

春らしい飾り切りの花びらや桜花も添えて、タイの姿の美しさを引き立てるよう盛ります。

【材料】
タイ（小）…1尾
ワインらっきょうの花びら　大葉　花穂じそ　紅芽　貝割れ菜　レモン
鍵わらび　桜大根　大根のけん　合い混ぜのけん　菜の花　おろしわさび

①タイは姿造り用に三枚におろします。おろし身は皮をひき、半量を引き造りにし、半量をそぎ造りにします。
②氷をしいた大鉢に、枕となる大根をおき、タイの尾頭つきの中骨を竹串などで固定します。中骨の上に大葉をおき、背側にタイの引き造りを盛ります。レモンを間に挟んで手前腹側にはそぎ造りを盛ります。タイの頭の下辺りには合い混ぜのけんをおいて大葉を重ね、そぎ造りを盛ります。尾の手前には大根のけんをおいてレモンを重ね、細造りを盛ります。
③器の手前左寄りに笹の葉をしいておろしわさび、刻んでから湯引いた皮、紅芽をのせます。つま類をあしらって供します。

伊勢エビ翁盛り

二尾の伊勢エビの姿を活かして豪華に。竹籠や舟形の器を利用して盛り沢山感を。

【材料】
伊勢エビ…2尾　ブリトロ引き造り…10切れ　タイそぎ造り…15切れ　ヨコワ引き造り…10切れ　車エビ霜降り…5尾　イカ筋目造り…10切れ　イクラ金柑釜…5個　トコブシそぎ造り…15切れ
大根けん　防風　室きゅうり　黄菊　チコリ

①伊勢エビは姿盛り用におろします。身は食べよくきります。
②竹籠の器の奥にチコリをおき、車エビの尾の霜降りを盛ります。タイそぎ造り、ヨコワ引き造り、ブリトロ引き造りを盛り合わせます。
③舟形の小皿に金柑釜のイクラとイカ筋目造りを盛ります。
④大皿の中央に大根のけんをたっぷりとおき、伊勢エビ2尾を盛り、竹籠盛りと舟形の小皿を交互に盛り、トコブシの宿借り盛りをおきます。

理の醍醐味

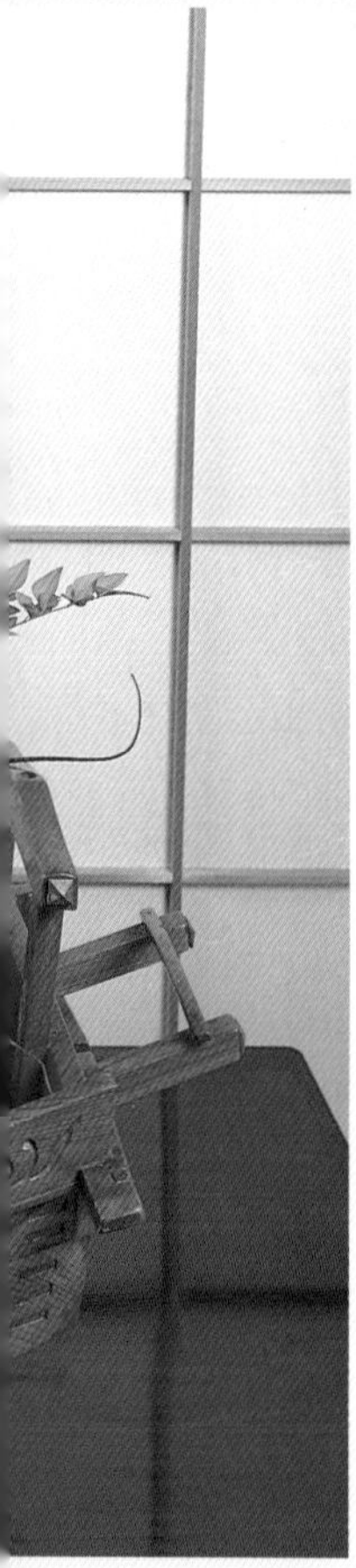

皿鉢料理は、豪華さ、豪快さが喜ばれ、好みの料理を自由に食べるスタイルで、いやが上にも宴席が盛り上がります。タイの生き造りが〝生もの〟の代表格ですが、カツオのたたきも欠かせません。ほかに口取り風の料理やすしを大皿に盛り込む〝組み物〟などがあります。

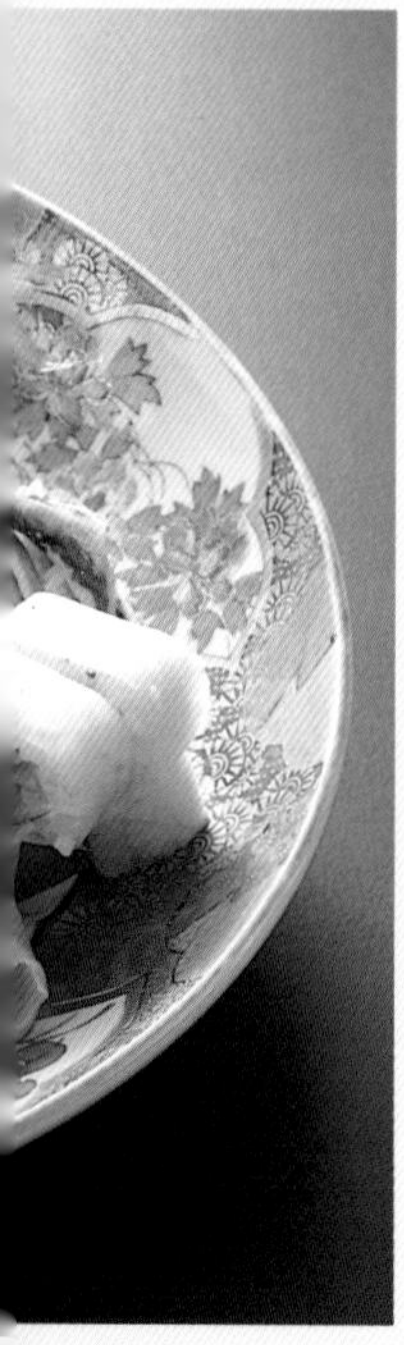

カツオのたたき

カツオの時季には欠かせない一皿です。わらや茅（かや）で風味よくいぶすのが昔ながらの方法で、薄切りのにんにくと一緒に加減酢のたれで味わうのが土佐流。カツオを威勢よく縦に盛って、宴席によく映える仕立て。

すし盛り合わせ

アジとカマスの姿ずし、玉子ずし、海苔巻き、白板昆布で巻いた昆布ずしと、土佐の名物ずしの盛り込みで、手前のすしはタチウオの皮目を下にしたたかいさま（さかさま）ずしと呼ばれるもの。柑橘を彩りよく使って南国らしく。

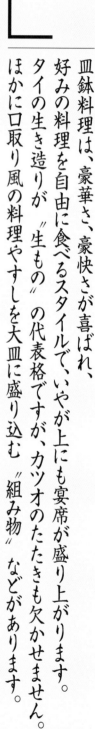

土佐・皿鉢料

生け造り

一メートルを超す大漁舟に盛った見事なタイの生け造り。生け造りは皿鉢料理の中でも格別のご馳走で祝い事に欠かせないもの。波を模してきっちり造り身を盛り、岩の上に生ダイを踊る姿そのままに、贅沢に伊勢エビを配し、季節の草花で賑やかに。

口取りの料理

肴に喜ばれる料理の盛り合わせで、すしを一緒に盛ると、組み物といわれます。ここでは伊勢エビ、タイ、アサヒガニ、トコブシと魚介を主に、煮物、焼き物、揚げ物、酢の物などの料理を。甘いものを一緒に盛ることもあります。

刺身の料理
仕立て方のいろいろ

見栄えよく、食べよく供して

刺身の料理の仕立て方も用途、用向きで幅広く、臨機応変に変化させていくようにします。右の写真は、祝い事の仕立てですが、タイと伊勢エビの姿造りのほか、魚種も種類を盛り込み、細工造りも多く添えて、華やかで贅沢感のあるものです。右脇の灯籠は、かつらむきの大根に飾り切りの人参や松葉きゅうりを飾り、中には蝋燭を灯すようにした宴席にも映える仕立てです。会席料理の席もやはり、酒をすすめる、贅沢な仕立てが喜ばれますが、用向きに応じて、いろいろなお客様に喜ばれるようにと工夫します。例えば、お手元などが不自由な方がいらっしゃるときには、写真で紹介のように筒八寸に造りを盛り、加減醤油を差してお出しします。そのまま召し上がれますから、食べやすいのではないかと思います。どんな場合も、お客様の食べやすいように、よりおいしく召し上がって頂けるように供する工夫が必要です。

◆紅葉ダイと伊勢エビ　潮華吹き寄せ盛り

◆五月の会席膳
サヨリの藤造り

◆ウメイロ筒八寸

端身や切り落とし活用の魅力料理

材料を無駄なく使いきるのは料理の基本ともいえ、
刺身の残りの端身はもちろん、
頭や中骨などのあらからもおいしい料理が生まれます。
余った刺身の上手な保存法としては、
昆布〆や醤油に漬け込む〝づけ〟などがおすすめです。

ヨコワの霜降り ぬた和え

ヨコワと一緒に和える芹や山クラゲも下味を含ませて味わいよく。砕いたピーナッツがポイント。

【材料】
ヨコワの切り端身…適量
クコの実　みょうが　山クラゲ　ピーナッツ　黄ピーマン　芹
●辛子酢味噌（62頁参照）

①ヨコワの端身はふり塩をしてしばらくおき、さっと熱湯に通して霜降りとし、ざるにあげてそのまま冷まします。
②山クラゲは一晩水につけて戻したものを用意し、湯通しして甘酢につけて味をなじませ、食べよく切ります。クコの実は戻して酢漬けにします。
③芹は色よく茹で、食べよく切って八方だしにつけます。黄ピーマンはせん切りにして湯がき八方だしにつけておきます。
④ヨコワと汁気をきった山クラゲ、芹、黄ピーマンを辛子酢味噌で和えて、砕いたピーナッツとみょうがをあしらいます。

南蛮漬け

白身魚の南蛮漬けなので、南蛮酢はだしを多めに使ってまろやかに。しばらくおいて味がなじんだら食べ頃。

【材料】
白身魚の端身…適量
うど　青ねぎ　長芋　ラディッシュ　赤ピーマン
●南蛮酢（だし汁8杯　酢1.5杯　みりん1杯　淡口醤油1杯　砂糖0.5杯　塩少量　鷹の爪　薄切りの玉ねぎ）

①白身魚の端身は、酒塩をしてしばらくおきます。水気を拭きとり、小麦粉をふって、油で揚げ、南蛮酢に漬けて味をなじませます。
②うどはごく細いせん切りにし、水にさらします。青ねぎはかもじねぎとします。長芋は3、4cmに切り、薄くスライスします。ラディッシュは薄い半月に切り、赤ピーマンはせん切りにします。
③①の南蛮漬けを器に盛り、②の野菜類を添えます。

タイのでんぶまぶし三種

三種の彩り、食べ味が楽しめるひと品。
タラのでんぶはふんわりと口当たりよく、
おからと削り節はごく細かく仕上げます。

【材料】
タイの切り身…適量
タラのでんぶ（タラの身　塩　酒　みりん）　おから　甘酢　削り節
みょうが　昆布　すだち

①タイの切り身は小原木切りにして、昆布の間に挟んで昆布〆とします。
②ぼんぼり和えを作ります。タラの身を茹でて細かくつぶした後、ガーゼに包んでよく絞ったら、鍋に入れて塩、酒、みりんで味を調えて空煎りし、よくもみほぐしてふんわりと仕上げます。タラでんぶを冷まし、①のタイの1/3量を和えます。
③卯の花和えを作ります。おからを裏漉しにかけて細かくし、甘酢を加えて水分がなくなるまで空煎りし、冷まします。これを①のタイの1/3量にまぶします。
④土佐和えを作ります。削り節を空煎りし、細かくほぐれたら、すり鉢でさらに細かく当たり、ふるいにかけてごく細かくします。これをタイに絡ませます。

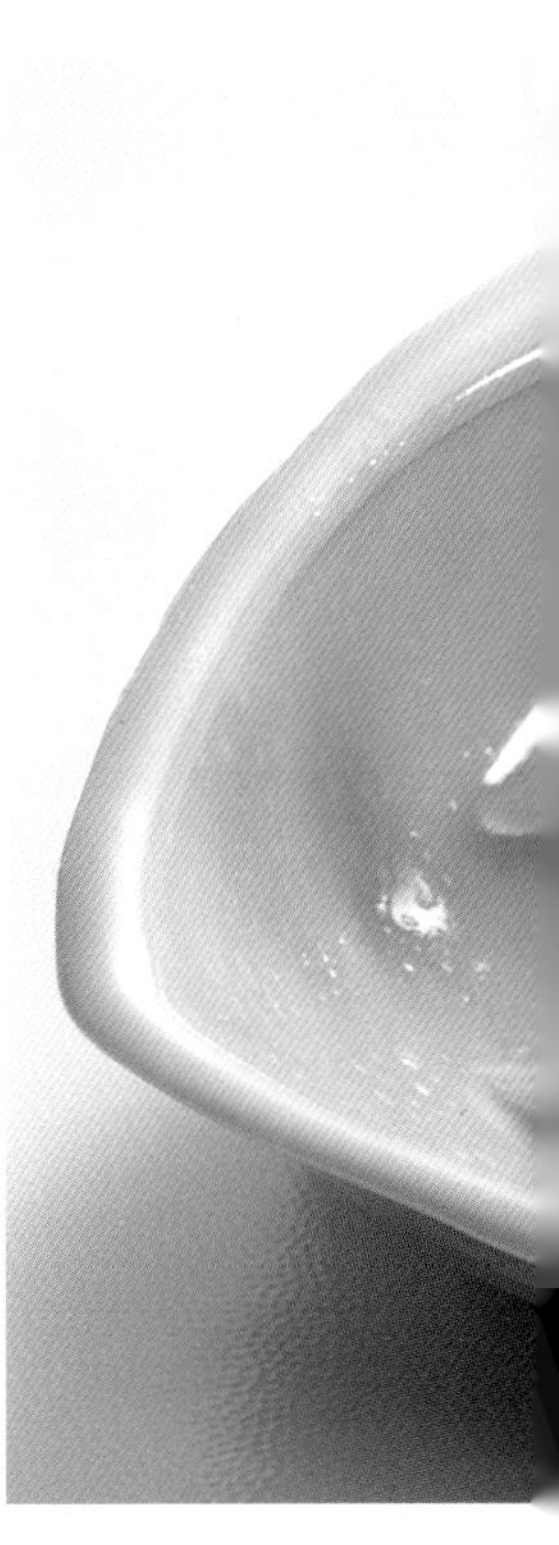

白身魚のサラダ仕立て

幅広い白身魚に応用できるサラダ。塩、胡椒、オイルでマリネしておくと風味がよく仕上がります。

【材料】
ヒラメのそぎ身…適量
塩　胡椒　オイル　チコリ　きゅうり　紫玉ねぎ　プチトマト　蛇の目ラディッシュ　黄ピーマン
●わさびドレッシング（サラダ油2杯　酢1杯　塩・胡椒各少量　おろしわさび適量の割合）

①ヒラメは薄めのそぎ造りにし、薄めの塩をし、胡椒、オイルをふってしばらくおいてから、器に放射状に盛ります。
②野菜類はそれぞれ食べよく切って、水にさらした後、水気をきって、①の上に盛ります。
③わさびドレッシングの材料をよく混ぜて、②にかけて食べます。

ヨコワのサラダ XO醤ドレッシング

香港生まれの調味料、XO醤入りのドレッシングはコクがあって、ぴりっと辛く、お酒のすすむ味わい。

【材料】
ヨコワの端身…適量
ワカメ　はす芋　人参　大根　黒皮南瓜　菊花　大葉
●XO醤ドレッシング（オリーブオイル1カップ　サラダ油1カップ　りんご酢1カップ　砂糖大さじ2　濃口醤油1/4カップ　塩・胡椒各少々　XO醤大さじ3）

①ヨコワの端身は同じくらいの大きさに切り揃えて、塩、胡椒をしておきます。
②ワカメは戻して食べよく切ります。はす芋は皮をむき、輪切りにします。ほかの野菜は細いせん切りにし、水にさらします。
③①のヨコワを器に盛り、XO醤ドレッシングをかけてから、②のワカメと野菜類を上に盛ります。

◉覚え書き
◆XO醤（エックス・オー・ジャン）は、香港生まれの比較的新しい複合調味料。干し貝柱や干しエビ、中国ハムが入っていて濃厚な旨味とピリ辛さが特徴です。

アジのマリネ酢サラダ

マリネ酢に焼いた白ねぎを加えて風味よく香り漬けに。揚げ物がさっぱり仕上がります。

【材料】
アジのそぎ身…適量
ピーマン（赤・黄）　プチトマト　ラディッシュ　レタス
玉ねぎ　クレソン
●マリネ酢（だし5杯　みりん1杯　淡口醤油0.5杯
酢1杯　砂糖0.2杯　塩少量　焼いた白ねぎ適量）

①マリネ酢を用意します。調味料を火にかけてひと煮立ちさせたら、焼いた白ねぎを加えて火からおろします。
②アジのそぎ身は薄く塩をふり、打ち粉をはたいて、から揚げにし、①のマリネ酢につけて、味をなじませます。
③食べよく切った野菜類と②を混ぜて器に盛ります。

タイの紅白砧巻き

タイを始め、白身魚は昆布〆にしておくと、保存が利き、幅広い料理に応用できます。

【材料】
タイ上身…適量
大根　人参　つる菜　柚子　吉野酢（甘酢　葛）

①タイの上身は昆布〆にしたものを拍子木に切っておきます。
②大根と人参はかつらむきにして、立て塩につけ、しんなりしたら、甘酢に漬けます。つる菜は色よく茹で、八方だしにつけておきます。
③甘酢を火にかけ、葛を加えてとろみをつけたら冷まします。
④大根のかつらむきの上に人参のかつらむきを重ね、①のタイが中心になるよう巻きます。器に盛り、茹でて八方だしにつけたつる菜を添え、吉野酢をかけ、せん切りの柚子をあしらいます。

タイせんべい

端身を薄くのばして見栄えよく揚げ物に。二種の風味で楽しく。

【材料】
タイそぎ身…適量
エリンギ　銀杏　青海苔　ごま

①タイのそぎ身に薄く塩をして片栗粉をふり、麺棒で薄くのばします。半量には青海苔をまぶし、半量にすりごまをまぶしたら、さらに片栗粉をつけて、165℃の油でからりと揚げます。
②エリンギは縦に割いて素揚げとし、銀杏も揚げて松葉に刺します。
③器にタイせんべい、エリンギ、銀杏を盛ります。

タイの松皮　有馬焼き

おいしいタイの皮を香ばしい焼き物に。野菜や茸を巻いたらかけ焼きにし、粉山椒の風味で味を引き締めます。

【材料】
タイのひき皮…適量
ごぼう　あわび茸　うど　粉山椒　酢取り生姜
焼きダレ（濃口醤油　みりん　酒）

①ごぼうは洗い、米のとぎ汁で茹でて、八方だしで炊いておきます。あわび茸は拍子木切りにし、塩をふって焼いておきます。うどは皮をむき、縦割りにしてさっと茹でておきます。
②タイのひき皮で①のごぼう、あわび茸、うどをそれぞれ巻いて金串を打ち、魚用の焼きダレをかけながら焼きあげます。粉山椒をふり、酢取り生姜を添えます。

ブリのつみ入れと大根の煮物

ご馳走感のある煮物。中骨の身や端身も上手に活かします。

【材料】
ブリの上身…適量
白味噌　生姜　小麦粉　大根　針柚子
煮汁（だし汁4杯、酒2杯、みりん0.8杯、淡口醤油0.4杯、濃口醤油0.2杯　黒砂糖の粉0.5杯の割合）

①ブリの上身をミンチにかけ、白味噌とおろし生姜、小麦粉少量を加えてよく練り混ぜます。これを丸くまとめ、温めた昆布だしに落とし入れて茹でます。
②煮汁の材料で①のつみ入れと輪切りにして面取りした大根とを一緒に炊き合わせます。

カジキのあら炊き

甘辛味に炊いたお総菜によいひと品。ゼラチン質も多く、後をひくおいしさ。

【材料】
カジキのあら…700g
葉にんにくの茎　焼き豆腐　木の芽
煮汁（酒3カップ　砂糖大さじ2　濃口醤油1/2カップ　たまり醤油大さじ3　みりん適量）

①カジキのあらはやや大きめに切り分け、さっと熱湯に通してから冷水に取り、水気をきります。
②鍋にあらを並べ入れ、酒、砂糖を入れてしばらく炊き、焼き豆腐を加えてから、濃口醤油とたまり醤油を加えて煮詰めていきます。食べよく切った葉にんにくを加えて、仕上がる前にみりんを加えて照りを出します。器に盛り、木の芽をあしらいます。

◉覚え書き
◆頭の近くの身はゼラチン質が多く、とろけるような味わいです。

タイの煮凍り

**あらの煮凍りの間に造り身を挟んだ
ちょっと贅沢な味わいのひと品。
口に含むとゼラチンが溶け、旨みが拡がります。**

【材料】
タイの上身…適量
タイのあら（酒　みりん　淡口醤油　濃口醤油）　昆布　ゼラチン
長芋　針生姜　あさつき

①タイをおろしたあとの頭、中骨、腹身などは表面をさっと焼き、昆布、水と一緒に鍋に入れてしばらく炊きます。これを一度漉してから、酒、みりん、淡口醤油、濃口醤油でやや甘辛に味を調え、ゼラチンを加えて常温で冷まします。
②タイの上身はそぎ身にしておきます。
③長芋は小さめの拍子木切りにし、水にさらして水気をきります。針生姜は水にさらし、あさつきは五分切りにします。
④深鉢の1/3の辺りまで①の煮凍りを入れて冷蔵庫で固め、その上に②のタイのそぎ身を並べます。残りの煮凍りをはって、再び冷蔵庫に入れて冷やし固めます。長芋と針生姜、あさつきを散らします。

◉覚え書き
◆ゼラチンの量は煮凍りの出来具合で調整します。あらは適当な大きさに切って使いますが、熱湯に通して臭みをとっても結構です。
◆フグやカレイ、アラ（クエ）など、煮凍りになりやすい白身魚で応用できます。
◆温かいご飯にかけて食べるのもおすすめです。

たっぷりとすくって温かいご飯の上に。煮凍りが少しゆるんできて、美味しく味わえます。

お椀に盛るのが定石ですが、ここではスープ皿に盛って、面白みを出しました。

ブリのあらの粕汁

酒粕に、白味噌と牛乳を少し加えてまろやかな旨みに。

【材料】
ブリのあら…適量
昆布　酒粕　白味噌　牛乳
淡口醤油　塩　人参　大根
こんにゃく　ごぼう　青ねぎ

①ブリのあらは一度焼いてから、昆布、水と一緒に鍋に入れて炊き、だしを取ります。そこに酒粕、白味噌、牛乳を加えて淡口醤油と塩各少々で味を調えます。
②人参、大根、こんにゃく、ごぼうは短冊に切って、それぞれ湯がきます。
③①に②の野菜類を加えて煮込みます。器に盛り、細かく刻んだ青ねぎをあしらいます。

伝法焼き

卵地に具を加えて天火で焼く料理ですが、魚をバターで焼いて加え少しコクを持たせました。

【材料】
造りの端身…適量
卵地（卵　だし　酒　みりん　淡口醤油）
しめじ　ごぼう　べっこうあん（だし汁10に対し、濃口醤油1、みりん1、水溶きの葛適量）

①魚の端身は、塩、胡椒し、サラダ油をからめてしばらくおいてから、バターで両面を焼きます。
②しめじは小房にほぐし、さっと湯通ししてから八方だしで炊きます。
③ごぼうはごく細いせん切りにし、水にさらしてアクを抜いたら、水気を拭いて素揚げします。
④卵を溶きほぐし、だし、酒、みりん、淡口醤油で味を調えたら、①の魚を混ぜ、耐熱性の器に流し入れて、オーブンで蒸し焼きにします。べっこうあんをはって、しめじを盛り、青味と、ごぼうを天にあしらいます。

カジキのあらの水炊き

カジキは大型魚なので、あらもボリュームがあります。脂身が多い割にしつこくなく、水炊きによく合います。

【材料】
カジキのあら…適宜
白菜　人参　えのき茸　エリンギ　春菊　芹　葛切り
●ポン酢醤油　紅葉おろし　青ねぎの小口切り

①カジキのあらはやや大きめに切り分け、さっと熱湯に通してから冷水に取って冷まし、水気をきります。
②野菜と茸は食べよく切ります。
③鍋にカジキのあらと水を入れて炊き、火が通ったら、好みの野菜や茸を加えて煮、ポン酢醤油ですすめます。

◉覚え書き
◆ポン酢醤油の作り方／ダイダイなどの柑橘の絞り汁5カップ、濃口醤油5カップ、煮きりみりん2カップ、米酢1カップ、煮きり酒1カップ、だし昆布30g、削り節40gをキッチンポットなどに入れて、1週間ほどねかせて裏漉しします。バルサミコ酢やりんご酢などを混ぜると味わいに変化が出て美味です。

タイ茶漬け

タイは軽く醤油につけます。熱々の吸いだしをかけて薬味と一緒に風味よく。

【材料】
タイ上身…適量
タイのつけ醤油（造り醤油1、だし2の割合）
ぶぶあられ　針海苔　大葉　みょうが　だし
ご飯　おろしわさび

①タイは細造りにし、つけ醤油に10分ほどつけておきます。

②茶碗にご飯をよそって、①のタイをのせ、ぶぶあられ、きざみ大葉、せん切りのみょうが、針海苔、おろしわさびを添え、吸い出し程度に加減した熱々のだしをかけます。

◉覚え書き

◆煎茶やほうじ茶で召し上がっても結構です。

細造りのタイに軽く熱が入って美味。

マグロのづけ丼

マグロの赤身が余ったら〝づけ〟がおすすめ。切りつけた赤身は色が黒ずみがちですが づけにすれば気にならず、身もしまります。

【材料】
マグロ（赤身）…適量
造り醤油　温泉玉子　イクラ　あさつき　ご飯

①マグロを切りつけて、造り醤油につけて20分くらいおきます。
②茶碗にご飯をよそい、マグロのづけを放射状に並べ、中央に温泉玉子の黄身をおき、まわりにイクラとあさつきを盛ります。

◉覚え書き
◆残ったマグロの刺身や端身などはづけにしておくと翌日くらいまでおいしく味わえます。
◆マグロのづけは、和え物に使うほか、網焼きや石器焼き、細巻きの芯などにも使えます。

器の工夫と演出で魅力を高める刺身料理

同じ切り方の刺身でも、器使いや盛り付け方で魅力は大きく変わってきます。オリジナルの器を開発する、薬味やあしらいの使い方を工夫する、客への提供法や食べる楽しさを演出する…といった差別化が必要です。

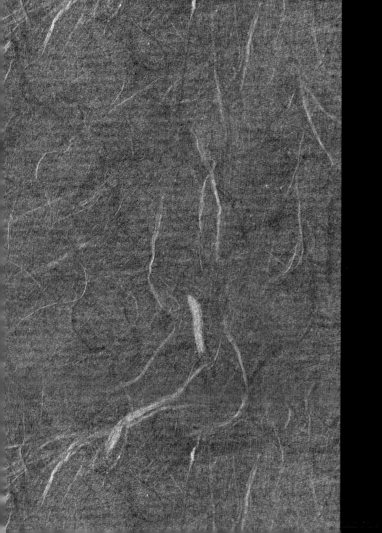

サーモン薄造り

青竹の上にサーモンの薄造り。さらに青竹の中から薬味がのったもう一つの薄造りが現れる仕掛けが楽しい刺身料理です。

【材料】
サーモン…適量
うるい　ゆず味噌　チーズ　佃煮昆布　大根おろし　すだち　漬物　チーズ　ねぎ味噌

①サーモンをそぎ造りにします。
②青竹の中側の器はかき氷を敷き詰め、笹の葉をのせます。①のサーモンの端を少し折って盛り、上に薬味をのせます。薬味は左からうるい(八方地で炊いたもの)とゆず味噌、チーズと佃煮昆布、大根おろしとすだち、漬物、チーズとねぎ味噌。
③上にかぶせる青竹の上に笹の葉を敷き、①のサーモンを盛ります。②を中に入れた状態で客席にお持ちします。

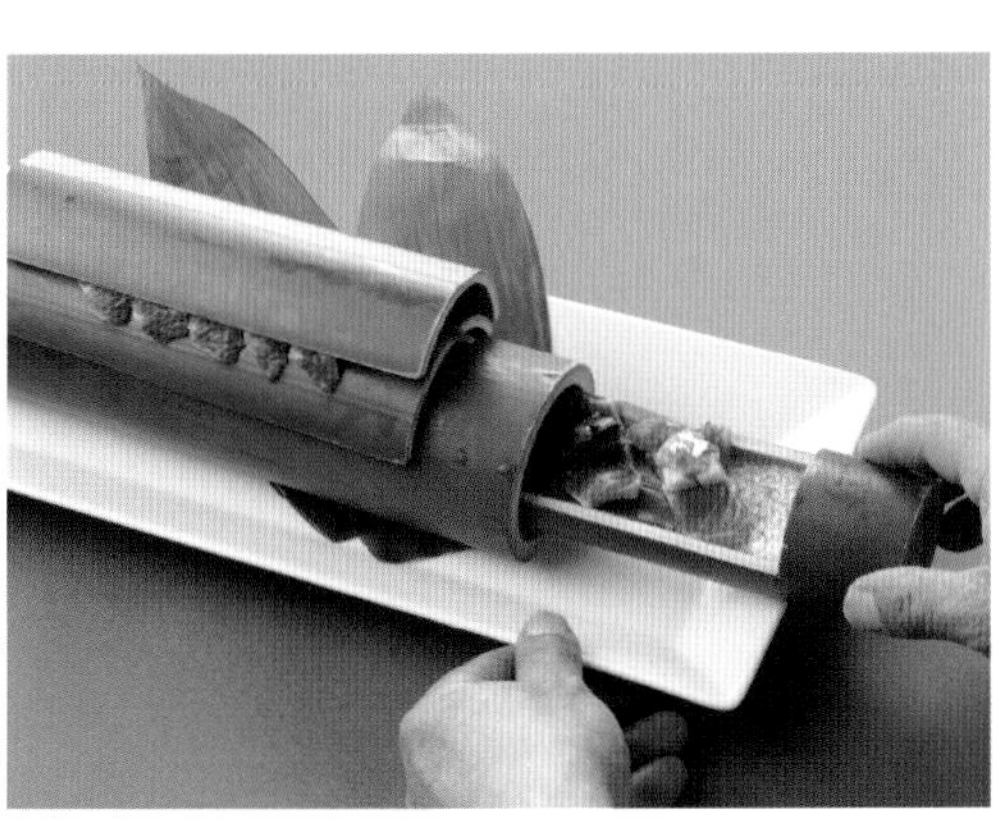

イカそうめん銘々盛り

多人数盛りの刺身を取り分けるのを嫌う現代人に喜ばれる銘々盛り。イカの糸造りを枝にかけ、趣きを持たせました。

【材料】
ケンサキイカおろし身…60g
刻みねぎ　おろし生姜　わさび
●素麺だし

①ケンサキイカのおろし身を糸造りにし、3等分にします。それを桜の枝、南天、竹にかけて盛り、ガラスの器に素麺だしを張り、お盆にのせる。
②薬味に刻みねぎ、わさび、おろし生姜を添える。
◆素麺だしの作り方／だし6・薄口醤油1・みりん1を合わせて、ひと煮立ちさせて冷まします。

割鮮ブーケ

赤身、白身、イカなどの刺身を花仕立てにし、エディブルフラワーとともに盛込み、華やかな席の料理に。

【材料】
マグロ…200g　タイ…200g　カンパチ…200g　サーモン…200g　ケンサキイカ…1/2パイ　豆腐1丁　ラデッシュ　かぼちゃ　きゅうり　人参　ベビーリーフ、エディブルフラワー　アイスプラント　わさび
●ごま醤油ドレッシング

①マグロはサク取りし、へぎ造りにし、花仕立てにすします。タイ、カンパチ、サーモン、ケンサキイカはそれぞれ上身にし、へぎ造りにして、花仕立てにします。
②ラデッシュは花づくりにします。かぼちゃは蝶々に切り開き、きゅうりは撚りきゅうり、人参も撚り人参にします。
③ベビーリーフ、エディブルフラワー、アイスプラントは洗って水気をよく拭き取ります。
④器に豆腐を土台にして盛りつけます。
◆ごま醤油ドレッシングの作り方／サラダ油2カップ、ポン酢1カップ、ごま油1/2カップ、酢1/2カップ、煎りごま大さじ3、砂糖大さじ。すべてを混ぜ合わせ、ミキサーにかけます。

刺身六種の台盛り

刺身の盛り合わせを長い板に盛りつけて、客席に提供し、客の感動を呼びます。

【材料】
タイ(上身)…25g　中トロ…30g　コウイカおろし身…25g　カワハギ(上身)…15g　ヒラメ…25g　サーモン(上身)…20g
ペティトマト　クコの実　いんげん豆　より人参　はす芋　よろきゅうり　すだち　大葉　わさび
●土佐醤油

①タイは上身にしたものを引き造りにします。皮はさっと熱湯に通し、冷水にとり、細かく切ります。
②中トロは引き造りにします。
③コウイカのおろし身は横に切れ目を入れ、大葉をのせて端からくるくると巻いて鳴門造りにします。
④カワハギは上身にしたものを重ね造りにし、肝は熱湯で茹でておきます。
⑤ヒラメは上身にしたものをそぎ造りにします。皮はさっと熱湯に通し、冷水に取り、細かく切ります。
⑥サーモンは上身にしたものを引き造りにします。
⑦細長い台に①～⑥を盛り、ペティトマト、クコの実、いんげん豆、より人参、ハス芋、よりきゅうり、すだちを添えます。

刺身の砧巻き

大根をケンとして使わず、刺身を巻くことで、一緒においしく味わえるようになります。

【材料】
ヒラメ（上身）…15g　カンパチ（上身）…15g　アジ（上身）…15g　サーモン（上身）…15g　マグロ（赤身）…15g
大根　三つ葉（軸）　人参　ラディッシュのけん
●土佐醤油

①大根をかつらにむき、大葉を敷き、拍子木造りしたヒラメ、カンパチ、アジ、サーモン、マグロをそれぞれくるりと2、3回巻き上げ、茹でた三つ葉の軸で結び、同じ長さに切り揃えておきます。
②器に①を並べて盛り、ラディッシュのけん、より人参を添えます。

タイの漬物巻き

刺身と漬物の触感の楽しさが売り物です。醤油などつけずに、そのまま食べてもおいしいのも魅力。

【材料】
タイのそぎ造り…105g（7切れ）
ゼリー寄せの素（水…540㎖　板ゼリー2枚）
京菜漬（刻み）ゼリー寄せ（京菜漬け大さじ2　ゼリー寄せの素30㎖）
沢庵（刻み）のゼリー寄せ（沢庵大さじ3　ゼリー寄せの素30㎖）　ワインらっきょ（刻み）のゼリー寄せ（ワインらっきょ大さじ3　ゼリー寄せの素30㎖）　奈良漬（刻み）のゼリー寄せ（奈良漬大さじ3　ゼリー寄せの素30㎖）　大根のつぼ漬（刻み）（大根のつぼ漬大さじ1　ゼリー寄せの素30㎖）　しば漬（刻み）のゼリー寄せ（しば漬大さじ2　ゼリー寄せの素30㎖）　色なししば漬（刻み）ゼリー寄せ（色なししば漬大さじ2　ゼリー寄せの素30㎖）
きゅうりのけん　人参のけん　大根のけん　クコの実　すだち
●刺身醤油

①ゼリー寄せの素を作ります。水を65℃に沸かし、水でもどした板ゼラチンを加えて溶かします。
②ゼリー寄せの素で各種の漬物を個々に混ぜ合わせてから、小さめの器に流し入れ、冷やして固める。
③ゼリー寄せが固まったら、それぞれが鯛のそぎ造りからはみ出さない大きさにカットします。
④③をタイのそぎ造りの身でそれぞれ包みます。
⑤器にタイの七色包みを均等に盛り、真ん中にけんを添え、クコの実、すだちをあしらう

◆刺身醤油の作り方／濃口醤油6・たまり醤油1・だし2

ヒラメの薄造り　変わり薬味のせ

ゆず、イクラ、ねぎ、紅葉、わかめ、わさびを混ぜ合わせた薬味の大根おろしを楽しんでもらいます。

【材料】
ヒラメ（上身）…100g
大根おろし…30g
ワカメおろし〈ワカメ適量　大根おろし5g〉　紅葉おろし〈紅葉おろしの素小さじ1/3　大根おろし5g〉　わさびおろし〈わさび適量　大根おろし5g〉　ねぎおろし〈刻みねぎ適量　大根おろし5g〉　柚子おろし〈おろし柚子小さじ1/2　大根おろし5g〉　イクラおろし〈イクラ小さじ1　大根おろし5g〉
大葉　菊花　ハス芋　姫大根　すだち　もろ味噌

①大根おろしを六等分にし、ワカメ、紅葉、わさび、ねぎ、柚子、イクラそれぞれを混ぜ合わせて丸くしておきます。
②ヒラメは上身にしたものを薄造りにして器に並べます。
③②の器の中心に大葉、大根のけん、青ずいき、菊花、すだちを添え、姫大根は細長い六方にむき、さっと熱湯で色だしして、もろ味噌を添えます。
④ヒラメの薄造りの上に①をきれいに均等に盛ります。ポン酢醤油を添えます。

タイとサーモンの生ハム巻き

タイとサーモンの端身を活用し、生ハムで巻いて料理性を高めました。パフェグラスに盛り、お洒落なサラダ風に仕上げます。

【材料】

タイ…100g　サーモン…100g　生ハム…2枚　カッテージチーズ…30g

レモン　きゅうり　ラディッシュ　アボカド　イタリアンパセリ　南天の葉　オリーブ油　わさび

●ドレッシング

①きゅうりはスティック状に切り、種を取ります。

②タイは上身にし、へぎ造りにしてきゅうりを芯に生ハムとともに巻きます。一部はサイに目に切ります。

③サーモンは上身にし、へぎ造りにしてきゅうりを芯に生ハムとともに巻きます。一部はサイの目に切ります。

④カッテージチーズは、わさびを適量混ぜ合わせます。

⑤レモンはくし形に、ラディッシュは花づくりにします。アボカドは皮を剥いたら適当な大きさに切り、一部サイの目に切ります。

⑥器にサイの目に切ったタイ、サーモン、アボカドを盛り、ドレッシングをかけます。

⑦残りの食材をあしらい、南天の葉、イタリアンパセリを飾り、オリーブ油を振りかけます。

◆ドレッシングの割合／サラダ油100㎖、酢50㎖、砂糖小さじ1　塩小さじ1/2　ごま適量

薄造り三種盛り

美しく盛った刺身が立体的に見えて、映えるセット盛り。
グループ席や宴席に提供すると歓喜の声が上がります。

タイ薄造り

【材料】
タイ…300g　ラデッシュ　刻みねぎ　紅葉おろし

①タイは三枚におろし、上身にし、一部を炙りにします。上身を薄造りにし、器に盛りつけていきます。
②①の上に適当な大きさに切った炙りと撚りラディッシュ、刻みねぎ、紅葉おろしをあしらいます。

マグロ薄造り

【材料】
マグロ…300g　きゅうり　小菊

①マグロは適当な大きさにサク取りし、一部を炙りにします。残りのマグロを薄造りにし、器に盛りつけます。
②上に撚りきゅうり、小菊の花弁をあしらいます。

アナゴ薄造り

【材料】
アナゴ…1尾　ラデッシュ　南天の葉

①アナゴは三枚におろし、上身にし、一部を炙りにします。残りのアナゴを薄造りにし、器に盛りつけていきます。
②①に適当な大きさに切った炙りと、蛇の目にしたラディッシュと南天の葉をあしらいます。

◆ポン酢
◆造り醤油

ホウボウの姿造り

ホウボウの立派な胸ビレを広げて盛りつけるのが姿造りのポイントです。そぎ造りにした身も美しく盛ります。

【材料】
ホウボウ…1尾
大葉　人参のけん　きゅうりのけん　大根　黄菊の花びら　レモン　すだち

①ホウボウはウロコを引き、姿造り用に三枚におろす。頭付きの中骨を竹串で大根の台に刺して固定。胸びれを広げて盛る。大葉をのせ、そぎ造りにした身を折り曲げて盛ります。さらに皿の上に少しずつ重ねて盛ります。
②人参のけん、きゅうりのけんを飾り、頭の両側にレモンのスライスとすだちを置きます。
③そぎ造りの上に黄菊の花びらを散らします。

カニ、マグロ、カンパチ、タイの四種盛り

白い洋食器に盛りつけ、お洒落な刺身料理に。真ん中のグラスに鮮やかな色合いのカニの脚を飾ります。

【材料】
ズワイガニの脚…3本　マグロ…26g　カンパチ…26g　タイ…20g　わかめ　海草　ミニトマト　はす芋　黄梅人参　菊の花びら　おろしわさび

①わかめは水でよく洗い、器中央のくぼみに盛る。海草も散らすように盛ります。
②タイは背身をそぎ造りにして器に盛り、八方地で炊いた黄梅人参を上に飾ります。
③マグロもへぎ造りにし、器に盛り、黄菊の花びらを天盛りします。
④カンパチもへぎ造りにし、前盛りにはす芋のスライスを添えます。
⑤カニは殻をむき、氷水に2、3分入れて花が開いたら水気を拭き取り、真ん中のガラスの器に盛ります。
⑥おろしわさびを添えます。

サーモンとイカの生ハム巻

サーモンを塩気のある生ハムで巻き、サラダ風に盛りつけ。ドレッシングをかけて洋風味刺身料理に仕立てます。

【材料】
サーモン…適量　ケンサキイカ…適量　生ハム…3枚
ベビーリーフ　デトロイト　薄切りラデッシュ　エディブルフラワー　白ごま
●ゆず胡椒ドレッシング

①サーモンとケンサキイカをそぎ造りにします。
②生ハムで①を包みます。
③②を器に盛り、野菜類を飾り、白ごまをチラシ、ゆず胡椒ドレッシングをかけます。
◆ゆず胡椒ドレッシングの作り方／ゆず胡椒、淡口醤油、だし、サラダ油を混ぜ合わせます。だしの量で、好みの濃度に調整します。

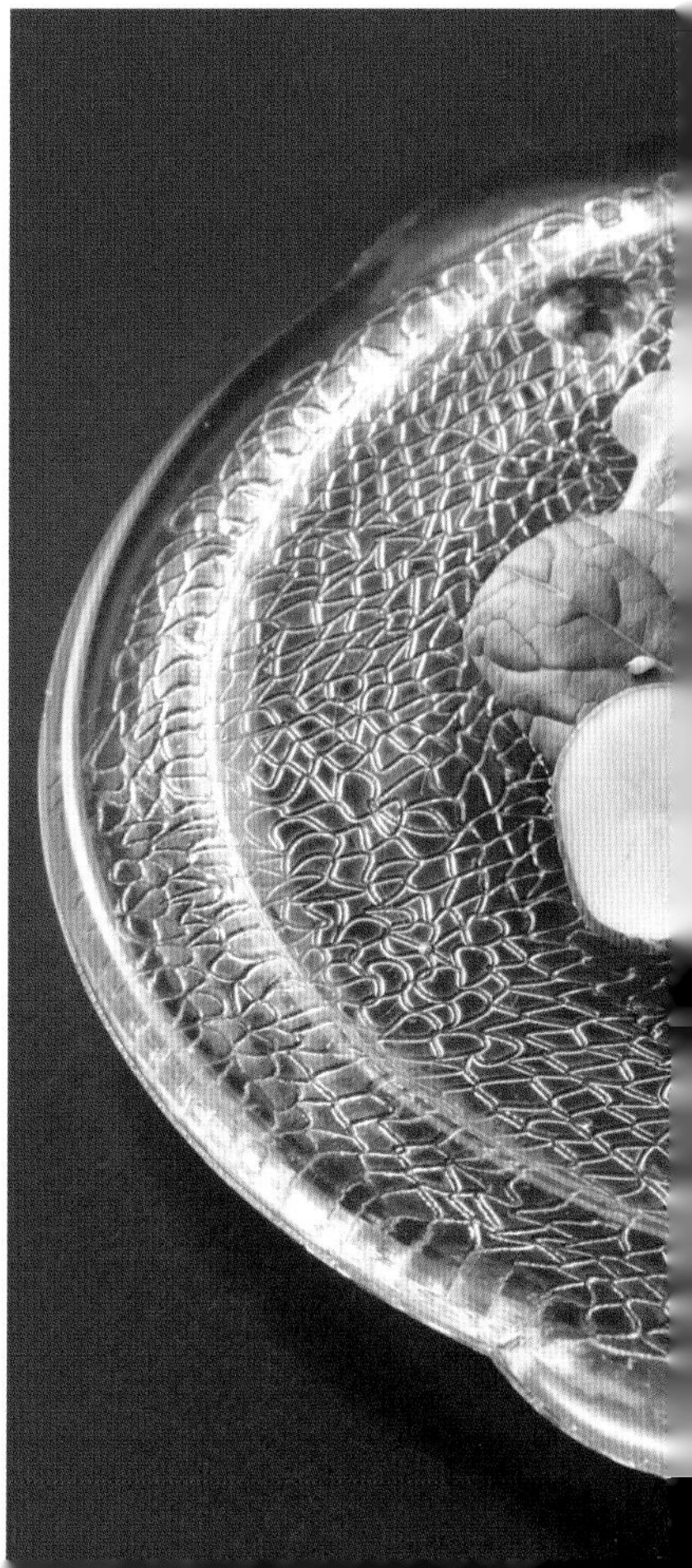

カマスの炙りカナッペ風

炙ったカマスをひと口大に切り、上に珍味などをのせ、カナッペ風の手軽に食べられるようつまみに。

【材料】
カマス…200〜250g
生カラスミ　玉ねぎとパプリカのマリネ　菜の花　ねぎ味噌　サケの麹漬け　プロセスチーズ　キャビア　イクラ　いんげん　紅梅くらげ　黄菊の花びら　エディブルフラワー

①カマスはウロコを引いて三枚におろし、小骨を抜きます。
②皮目を炙り、ひと口大に切り落とし、上に各種別々の薬味をのせ、エディブルフラワーを飾ります。

サーモンステーキ風お造り

切れ目を入れた木型に盛ったサーモンのサクを、客自身で切りながら食べる面白さが喜ばれます。

【材料】
サーモン上身（サク）…適量
●好みのドレッシング適量

①サーモンを上身にし、切り目を入れた器の大きさ・深さに合わせてサク取りします。
②切り目を入れた器に①を入れます。
③ナイフとフォークを添えて提供します。

マナガツオの姿造り

やわらかくてクセのないマナガツオ。姿とともに、そぎ造りにして青竹に立体的に盛りつけました。

【材料】
マナガツオ…1尾
いぶりがっこ・赤かぶ・かぶ・昆布大根・りんご（各千切り）　大葉　大根（枕用）　ひばの葉

①マナガツオはウロコを取り、姿造り用に三枚におろします。
②三枚におろした上身をそぎ造りにし、青竹の上に盛ります。
③皿にヒバを敷き、枕の大根を置いて、マナガツオの頭と尾に竹串を刺して立体的に盛ります。
④中骨に大葉を敷き、千切りにした五種類のけんを飾り、②を手前に置きます。

ガシラの姿造り

2尾のガシラ（カサゴ）の姿を立体的に盛り、躍動感を出せば、活きのよさがさらにアピールできます。

【材料】
ガシラ（カサゴ）…2尾
大根のけん　紅芯大根のけん　黄人参のけん　きゅうりのけん　人参のけん　かぶのけん　大根（枕用）　笹　大葉　黄菊の花びら　わさび　すだち

①ガシラはウロコを引き、姿造り用に中骨に頭と尾をつけて三枚におろします。
②上身の皮目をバーナーで炙り、そぎ造りにします。
③皿に枕用の大根を置き、尾頭付きの中骨を竹串で刺して跳ね上がるように盛ります。大根のけんを周りに置き、1尾は笹の上に②のそぎ造りを盛り、もう1尾のそぎ造りは大葉の上に盛ります。
④各種のけんを前盛りし、おろしわさびを置く。すだちを飾り、黄菊の花びらを散らします。

刺身三種の輪違い

竹筒がずれる仕掛けの器に、サーモン、タチウオ、イカの細づくりを盛り、新感覚の盛合わせに。

【材料】
サーモン…適量　タチウオ…適量　ケンサキイカ…適量
大根のけん　黄人参のけん　人参のけん　きゅうりのけん　紅芯大根のけん　すだち　レモン　黄菊の花びら　大葉　ひば

①サーモン、タチウオ、ケンサキイカをそれぞれ糸造りにします。
②輪違いの器に大葉を敷き、竹串を渡し、上段の器にーモンの糸造りを、中段の器にタチウオの糸造りを、下段にケンサキイカの糸造りをかけます。
③それぞれの器にレモン、スダチを飾り、けんを前盛りします。上段のサーモンの糸造りに黄菊の花びらを飾ります。

カキの青竹筒盛り

三つの殻付きカキの上に、それぞれ違う食材をのせ、見た目と味の変化が楽しめるようにします。

【材料】
カキ…3個
大根おろし　揚げきざみ大葉
白菜甘酢漬け　松の実　一味唐辛子　人参のけん　きゅうりのけん　紅芯大根のけん　すだち
●トマトソース　●三杯酢

①カキは殻から身を取り出します。むき身は大根おろしで軽く揉み洗いし、流水で洗います。
②①のむき身を3つのカキの殻に盛り分けます。一つはトマトソースをかけ、揚げたきざみ大葉を天盛りし、すだちを添えます。二つ目は三杯酢をかけ、松の実を散らし、一味唐辛子を振ります。三つ目は天に白菜の甘酢漬けをのせ、すだちを添えます。
③かき氷を敷き詰めた器に②を盛り、人参のけん、きゅうりのけん、紅芯大根のけんを前盛りします。

刺身バーガー

サーモンとホタテの刺身をライスバーガーの具材に見立ててつくった刺身料理です。

【材料】
サーモンスライス…適量　ホタテ貝…1個　おこげライス…2枚
アーリーレット　玉ねぎのスライス　パプリカのスライス　ミニトマトのスライス　甘酢生姜のスライス　赤かぶ漬物の千切り　レモンのくし切り
●ソース（ウスターソース＋バルサミコ酢＋洋辛子）

①器に懐紙を敷き、おこげライスを1枚のせます。アーリーレット、玉ねぎスライス、パプリカスライスを盛り、ホタテ貝のスライス、サーモンスライス、ミニトマトのスライスをのせ、もう1枚のおこげライスを上に添えます。
②付け合わせに甘酢生姜のスライス、赤かぶ漬物の千切り、レモンのくし切りを添え、ソースポットをのせます。

タイの姿造り

全国技能五輪大会で優勝した刺身料理です。波間に泳ぐタイの姿をイメージさせる盛りつけが魅力を高めます。

【材料】

タイ…1尾

紅芯大根のけん　人参のけん　黄人参のけん、きゅうりのけん　大葉　ラディッシュ　黄菊の花びら　わさび　大根(枕)

①タイはウロコを引き、姿造り用に中骨に頭と尾をつけて三枚におろします。

②おろし身の半量はそぎ造りにし、残り半量は引き造りにします。

③皿に枕になる大根を置き、①のタイの姿が立体的になるように竹串を刺して固定し、紅芯大根のけん、人参のけんで枕の大根を隠します。中骨に大葉を置き、そぎ造りを盛ります。手前にも一列そぎ造りを盛り、薄く切ったラディッシュとすだちを前に置き、引き造りを盛ります。

④ラデッシュ、すだち、人参のけん、きゅうりのけんを前に盛り、おろしわさびを小さな器に入れて添えます。

第59回全国技能五輪大会優賞作品（岡本泉美）

馬肉とトドの刺身巻き

珍しい肉の刺身料理。野菜やチーズを巻き、その上に筍や菜の花などをのせ、新しい味をつくり出します。

【材料】
馬肉（赤身）…50g　トド肉…50g
ねぎ　いんげん　チーズ　人参のけん　菜の花　紅芯大根のけん

①馬肉とトドの肉を薄切りにします。
②いんげんを塩湯がきします。菜の花は苦みが残る程度に塩湯がきします。
③馬肉でねぎ、いんげん、チーズを巻き、トド肉も同様に巻きます。
④③を器に並べ、上に人参のけん、菜の花、紅芯のけんを盛ります。

飲むお造り

だしと刺身をミキサーにかけて刺身のドリンクをつくりました。シニアにも向く刺身料理です

【材料】
ウニ…50g　イカ…50g　サーモン…50g　タイ…50g　マグロ…50g　ホタテ貝…50g
だし各80㎖　山芋各100g　塩　造り醤油　レモン　すだち

①ウニ、だし、すりおろした山芋をミキサーにかけ、なめらかになったらグラスに注ぎます。
②イカ、だし、すりおろした山芋をミキサーにかけ、なめらかになったらグラスに注ぎます。
③サーモン、だし、すりおろした山芋をミキサーにかけ、なめらかになったらグラスに注ぎます。
④タイは上身にし、だし、すりおろした山芋をミキサーにかけ、なめらかになったらグラスに注ぎます。
⑤マグロ、だし、すりおろした山芋、塩少々をミキサーにかけ、なめらかになったらグラスに注ぎます。
⑥ホタテ貝、だし、すりおろした山芋、塩少々をミキサーにかけ、なめらかになったらグラスに注ぎます。
⑦①〜⑥を氷を敷いた器に並べ、臭み消しのレモン、すだちを飾ります。さらに、味を調整できるよう、スポイトに入れた造り醤油を添えます。

刺身の料理をもっと楽しく

●洋包丁や身近な道具を使って

刺身を作るために特別に和包丁や道具類を揃えなくても、家庭にあるもので十分に作れます。普段、洋包丁を使っている方は、洋包丁を使う方が慣れている分、楽だと思いますし、よく切れるものならアジなどは三枚におろすこともできます。大きな魚は買う時におろしてもらえばあとは切りつけるだけなので洋包丁で間に合います。カツオのたたきや焼き霜造りは、ちょっと大変そうと思う人も多いようですが、カツオのたたきの場合、フライパンで手軽に作れますし、あとのコンロ回りの手入れも楽です。焼き霜造りも今は小型のバーナーもありますし、焼き網も使えば簡単に作れます。貝むきもスプーンやヘラなどを使ったり、身近な道具を上手に活用して下さい。

●刺身が余ったら

刺身が残ったら、づけがおすすめ。醤油を煮きり酒で好みの加減に割り、魚をつけ込むだけです。茶漬けや丼に仕立てたり、さっと焼くとお弁当のおかずに合いますし、和え物や細巻きの芯に使っても、味がしみているのでおいしく味わえます。切り身が厚ければ、酒で割った醤油につけると2、3日はもち、おいしい焼き魚に。たくさんある時は、昆布〆や酢〆、干物やみそ漬けなどでおいしく食べきります。

●つけ醤油で味わいを広げる

わさび醤油や生姜醤油、そして薄造りにはポン酢醤油がポピュラーですが、12、13ページでも紹介のように、いろいろな醤油が合いますから工夫してはいかがでしょう。昔は刺身にきなこをつけて食べていた事もあったようで、実際食べてみるときなこの香ばしさがよく合います。本書ではXO醤（写真下）や豆板醤、甜麺醤など、中国風の調味料類をよく使いましたが、コチュジャンを使った韓国風のタレなども喜ばれます。

●きなこも意外な相性をみせます

●中骨もあらもおいしく

新鮮な刺身用の魚は、臭みがないので一尾丸ごとを無駄なく食べることができます。頭や中骨などのあらを、焼いたり、潮汁にしたり、かぶと蒸しにしたり、あら炊きにするのは定番ですが、他にも利用方法はあります。中骨には身がたくさんついてますから、スプーンで身をこそげては。タルタル風やユッケ風の料理に仕立てることもでき、納豆和えなども美味です。また、子を持っているものもありますから上手に使いたいところ。ほかにワタがおいしい魚介も多いので、上手に活用して下さい。イカのワタは強めの塩をして冷蔵庫で一晩寝かせたものをつけ醤油に溶いたり、イカの身と和えて塩辛にしたり、身と炊くワタ煮など、活用の幅は広いものです。

●イカのワタは塩辛やワタ煮に利用。

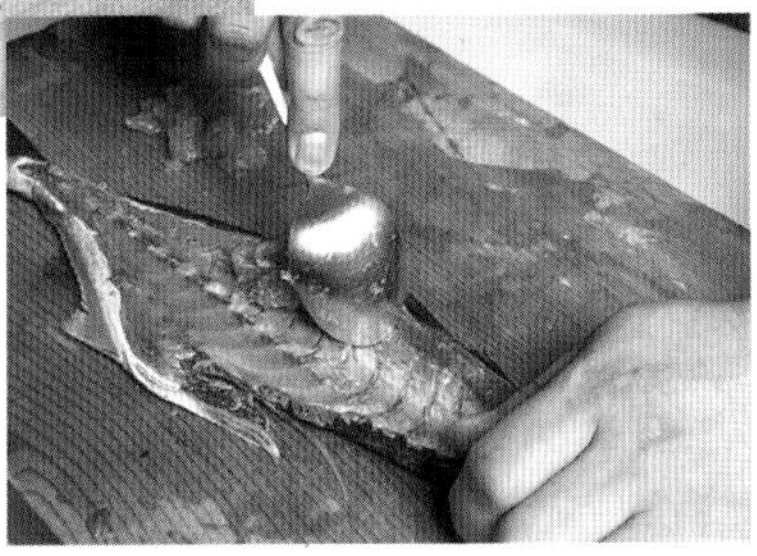

●中骨の身もこそげて料理に活用。

刺身料理をおいしく作る
包丁の選び方

❖包丁技術で味が変わる

刺身料理にとって、包丁の技術は重要な調理技術です。刺身の切り口の美しさが料理性を高め、味わいを大きく変えていきます。そのために、良い包丁を知り、良い包丁を使うことが重要です。

和食の世界で刺身に使う包丁は片刃の和包丁で、大きく分類すると、刺身包丁、出刃包丁、薄刃包丁、特殊包丁の4種類。それぞれの特徴を見ていきます。

刺身包丁／刺身を引くために使う包丁。柳の葉のように切っ先が尖り曲線的な「柳刃包丁」と直線的な「タコ引き包丁」の2種類があります。柳刃包丁は関西型、タコ引き包丁は関東型の刺身包丁でしたが、現在は柳刃包丁が全国的に主流です。

出刃包丁／魚の下処理を行なうための包丁。刃は厚く、魚の身をおろすだけでなく、包丁の重みで硬い骨を叩き切る事も可能で、刃こぼれしにくいのが特徴です。本出刃、相出刃、身おろし出刃…など魚の処理の仕方や、魚体（サイズ）によって使い分けます。

薄刃包丁／野菜を切り、刻み（けんを打つなど）剥く（桂剥きなど）ための包丁。刃が薄くて鋭いのが特徴で、関西型は鎌型、関東型は長方形と姿が異なります。

特殊包丁／ハモ切り包丁、ウナギ包丁、すし包丁…などの専門包丁があります。

包丁選びには、こうした用途に加え、包丁の材質や長さや重さが重要になってきます。材質は鋼《はがね》だけで作られる「本焼き包丁」と鉄（地鉄）と鋼を貼り合わせて作る「合わせ包丁」（本霞、霞とも呼ばれる）の2種類があります。本焼き包丁は刀のように硬度が高く切れ味に優れているが、合わせに比べ脆く、値段も高い。一方、合わせ包丁は丈夫で値段は比較的手頃です。また、鋼の種類として「白鋼」と耐摩耗性を高めた「青鋼」があります。

こうした点から「刃こぼれがしにくく、切れ味が素晴らしい」と、大田忠道氏が弟子の方をはじめ、和食の調理師の方々に勧めるのが土佐包丁です。

そこで、土佐打刃物専門店『徳蔵刃物』の後藤太郎店長に土佐包丁の特徴を聞きました。

「土佐打刃物は、金型を使わずに成形する〝自由鍛造〟が特徴です。歴史は古く400

刺身づくりの技術とこれからの包丁の選び方について意見を交わす「徳蔵刃物」の森恒一郎社長と大田忠道氏。

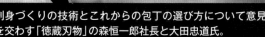

年前に遡ります。古くから多くの山々に囲まれた土地柄、農業や林業の道具として発展し、時代の流れに寄り添い、近年は調理道具としての需要が増えました。耐久性が高く実用的な包丁で、切れ方が鋭いことからプロの調理師の方からも高い評価を得ています。」

『徳蔵刃物』には、現在、下の写真にあるようなプロ向けの和包丁をはじめ、上質ないろいろな種類の包丁が揃っています。片刃の和包丁の他、両刃の包丁、また右利き用の包丁に加え、左利き用の包丁も。さらに、包丁の平《ひら》の鉄の部分が黒錆（酸化鉄）で錆びにくく手造り感がある「黒錆包丁」という土佐打包丁伝統の特徴的な包丁があり、海外からの人気も高い。

大田忠道氏は「料理人にとって包丁は一生の付き合い。値段が多少高くても、切れ味がよく、握りやすいものを選ぶべきだ。現在はまな板が狭い傾向があるが、多少大きめの包丁を選び、それを使いこなす必要がある」とアドバイスしています。

①出刃210（白鋼／左利き用）②出刃210（青鋼／右利き用）③柳刃270（白鋼／左利き用）④柳刃240（青鋼／右利き用）

両刃の黒錆包丁３種①切付（万能包丁）②菜切（野菜包丁）③三徳（万能包丁）

①鰻包丁（大阪裂）②鰻包丁（関東裂）

①鎌形薄刃225関西形）②江戸形薄刃225（関東形）③身卸出刃240④出刃210⑤タコ引き270⑥フグ引き270⑦柳刃270⑧カイサキ。すべて材質は上白鋼。

【取材協力】 徳蔵刃物（グレイジア株式会社） 本社／高知県高知市追手筋1-3-1 TEL 088-855-8037 FAX 088-855-8067
東京・合羽橋店／東京都台東区西浅草1-5-16 TEL & FAX 03-5830-3903
大阪・なんば店／大阪府大阪市中央区難波千日前14-8 TEL & FAX 06-6536-8857
URL：tokuzoknives.com

徳蔵
tokuzoknives.com

■著者紹介

大田《おおた》　忠道《ただみち》

1945年兵庫県生まれ。「百万一心味　天地の会」会長。兵庫県日本調理技能士会会長、神戸マイスター、2004年春「黄綬褒章」受賞、2012年春「瑞宝単光章」受賞。中の坊瑞苑料理長を経て独立。現在、兵庫県有馬温泉で「奥の細道」「旅籠」「関所」を開設。全国の旅館、ホテル、割烹等に多くの調理長を輩出。テレビ、雑誌でも活躍する一方、自治体やホテル・旅館のメニュー開発、企画立案、プロデュースを行なう。著書に「小鉢の料理大全」「人気の弁当料理大全」「人気の前菜・先付け大全」「和食の人気揚げ物料理」「進化する刺身料理」「日本料理を展開する」(以上、旭屋出版刊)など多数。

●料理制作協力／森枝弘好　武田利史　渡谷真弘　佐藤学　古川和之
●新版撮影／川井裕一郎　吉田和行
●新版デザイン／佐藤暢美

本書は旭屋出版MOOK料理と食シリーズ・特別版『四季の刺身料理』(平成12年刊)に新たな章を加えて撮影。改題して書籍化したものです。

【新版】四季の刺身料理
—季節のおいしさをつくる調理技術—

発行日　令和4年4月30日　初版発行

著　者　大田《おおた》　忠道《ただみち》

発行者　早嶋　茂
制作者　永瀬正人
発行所　株式会社 旭屋出版
〒160-0005
東京都新宿区愛住町23-2 ベルックス新宿ビルⅡ6F
TEL　03-5369-6424（編集部）
03-5369-6423（販売部）
FAX　03-5369-6431
旭屋出版ホームページ　http://www.asahiya-jp.com
郵便振替　00150-1-19572

印刷・製本　共同印刷株式会社

ISBN978-4-7511-1458-2　C2077